Retour de la guerre

François Heisbourg

Retour de la guerre

Odile Jacob

© Odile Jacob, octobre 2021
15, rue Soufflot, 75005 Paris

www.odilejacob.fr

ISBN : 978-2-7381-5711-9

Prologue

En ce 10 juin 2020, le « pacha » de la frégate *Courbet* était vraisemblablement trop occupé pour se livrer à des spéculations intellectuelles sans rapport avec sa mission du moment. Pourtant, il y avait de quoi se poser des questions sur le retour de l'histoire. Par exemple, celle de la farce passablement sinistre de la « non-intervention » pendant la guerre civile d'Espagne durant laquelle la France, l'Italie et le Royaume-Uni prétendaient avec plus ou moins de vigueur empêcher l'arrivée d'armes entre les mains des belligérants locaux. Il ne fallait pas compter sur la marine italienne pour empêcher l'approvisionnement des forces franquistes, ni *a fortiori* gêner en quoi que ce soit l'action des 75 000 « chemises noires » du Corps des troupes volontaires dépêché en Espagne par Mussolini ou celle des aviateurs de la légion Condor allemande. D'ailleurs, les sous-marins italiens coulaient clandestinement les navires marchands étrangers affrétés par la République espagnole : c'était plus radical et plus discret qu'un arraisonnement au vu de tous, en gants blancs sur les flots bleus. Dans l'Atlantique, la Royal Navy interceptait sans état d'âme les armements soviétiques destinés aux « Rouges » cependant que l'ami Franco assurait son intendance *via* le Portugal voisin. Les Français tantôt laissaient filer les matériels de guerre vers la République, tantôt les bloquaient au gré des changements de gouvernement à Paris ou selon les intérêts diplomatiques du moment.

C'est en somme ce qui se passait avec la Libye. À partir de 2019, cet immense pays pétrolier est l'objet de luttes concurrentes entre le gouvernement de Tripoli, reconnu par l'ONU et dirigé par Fayez al-Sarraj et les forces rebelles du maréchal Khalifa Haftar basé en Cyrénaïque. Le premier est soutenu par un corps expéditionnaire turc, les services spéciaux et l'argent du Qatar, cependant que le second est appuyé par la Russie qui y a dépêché les soldats de la société militaire privée Wagner, l'aviation et l'argent des Émirats arabes unis et les services de l'Égypte voisine. Chaque camp a recruté des milliers de mercenaires, soudanais, érythréens et surtout syriens. Pour simplifier le tout, des groupes armés, dont les restes de la branche locale de Daech, ainsi que les Toubbous du Sud libyen sont actifs. Les Européens, comme d'habitude, sont divisés. Les Français en particulier essayent de jouer dans les deux camps, ce qui n'est pas de nature à inspirer confiance. Pour alimenter la guerre, les armes de toutes origines sont acheminées par air et par mer, nonobstant l'embargo du Conseil de sécurité sur les armes à destination de la Libye. Comme pendant la guerre d'Espagne, cet embargo est d'application hautement sélective. Ainsi, tout en prétendant appliquer l'embargo de l'ONU, il n'était évidemment pas question pour la Russie de priver d'équipements les « wagnériens » soutenant le camp du maréchal Haftar, ce matériel étant livré par les avions de transport de l'armée de l'air russe décollant souvent des bases russes en Syrie. La France n'allait pas gêner l'aide de ses alliés émiriens en lutte contre les forces du gouvernement de Tripoli, cependant qu'elle protestait contre les livraisons turques. Quant aux Turcs, ceux-ci armaient le gouvernement de Tripoli alors que l'Otan, dont la Turquie est membre, avait engagé l'opération « Sea Guardian » pour sauvegarder les côtes libyennes contre les trafics d'origine diverse. C'est d'ailleurs à cette mission que participait le *Courbet*.

Notre capitaine de vaisseau pouvait aussi s'interroger sur cette appellation de « pacha » dont on gratifie en France le commandant d'un navire, titre seigneurial ottoman qui a certes plus de panache que les alternatives également courantes mais plus familières du type « le vieux » ou « tonton » : mais cette tradition ne manquait pas de sel alors qu'en ce moment précis le *Courbet* était pris pour cible par un navire de guerre turc, l'*Oruç Reis*.

Depuis le 9 juin, le *Courbet* voulait inspecter un cargo affrété en Turquie sous pavillon tanzanien, le *Cirkin*, qui avait la fâcheuse manie d'éteindre sa balise de localisation, alors qu'il transportait une cinquantaine de conteneurs censément remplis d'aide humanitaire. Ce bateau riche de bonnes intentions était escorté par l'*Oruç Reis*, belle frégate de fabrication allemande à peine moins moderne que l'excellent *Courbet*. Une frégate grecque, le *Spetsaï*, qui opérait dans le cadre de l'opération européenne « Irini » d'application de l'embargo, venait sans succès de tenter d'arraisonner le cargo turc ; la même mésaventure était arrivée à la frégate italienne *Carabiniere* agissant elle au nom de l'Otan. Dire que le secteur était compliqué serait une litote, d'autant qu'un avion de patrouille maritime américain *Poseidon* volait dans les parages. Au tour des Français de jouer…

Le *Courbet* était-il dangereusement insistant, comme le prétendra par la suite Ankara, ou la Turquie cherchait-elle délibérément l'incident avec la France ?

Toujours est-il, selon Paris, que le navire de guerre turc « éclaire » le *Courbet* avec son radar de conduite de tir : c'est l'équivalent en mer de ce que peut être le spot laser dont un sniper va illuminer sa victime dans l'instant qui précède le tir.

Mieux valait donc que le « pacha » du *Courbet* ne se trompe pas dans son évaluation. Fort heureusement, chacun conservera son sang-froid : le Français ne tire pas et le commandant turc ne passe pas à l'acte.

Mécontente du refus de l'Otan de défendre le dossier français alors que la frégate turque opérait en dehors du cadre otanien, la France cessera de participer à « Sea Guardian » à partir du 1er juillet 2020. En septembre, l'Union européenne impose des sanctions à la société turque Avrasya Shipping dont relevait le *Cirkin*, pour violation de l'embargo.

Peu après, un cessez-le-feu intervient en Libye en octobre 2020 sous l'égide de l'ONU, avec l'établissement d'un nouveau gouvernement dirigé ni par Sarraj ni par Haftar. Ni la Turquie ni la Russie n'ont retiré leurs forces du terrain.

Certes, la Libye n'est pas unique dans son genre. La Syrie ou le Yémen sont le théâtre de conflits dans lesquels les belligérants majeurs ou secondaires, locaux ou étrangers, publics ou privés, aux motivations multiples s'affrontent dans des luttes aussi sanglantes que complexes et confuses. Tout cela peut de surcroît paraître bien loin des préoccupations non seulement des Européens mais de la plus grande partie d'une planète pour laquelle 2020 était surtout l'année de la pandémie de coronavirus.

Certes encore, d'autres « laboratoires » politico-militaires ont existé dans l'histoire, dont la guerre d'Espagne a peut-être été le contre-exemple le plus atroce. Mais la guerre d'Espagne, comme celle des Boers au tout début du XXe siècle, n'ont pas causé la guerre mondiale qui s'est ensuivie dans ces deux cas.

Certes enfin, les risques inhérents au type de face-à-face qui a opposé le *Courbet* à l'*Oruç Reis* sont considérables. Cependant, la guerre peut être évitée tant que le contexte ne se prête pas à une déflagration provoquée par un incident, fût-il majeur mais circonscrit : tous les attentats ne ressemblent pas à celui qui s'est produit à Sarajevo le 28 juin 1914 et tous ne provoquent pas une guerre mondiale.

Malheureusement, il n'est ni prudent ni juste de s'en tenir à ces mises en perspective qui se veulent rassurantes.

Ce qui paraît rassurant ne l'est pas tout à fait. La Libye est aux portes de l'Europe occidentale. Bonifacio est plus près de Tripoli que de Lille. Même à l'ère du cyberespace sans frontières, la géographie continue d'avoir son importance. On ose par ailleurs à peine imaginer ce que serait pour l'Europe une éventuelle « libyanisation » ou « syrianisation » de l'Algérie ou du Maroc. Par ailleurs, tout comme ce fut le cas pendant les premières vagues de la pandémie de grippe dite « espagnole » en 1918, c'est-à-dire en pleine guerre mondiale, le fait est que l'on peut subir deux malheurs à la fois, en quelque sorte et la peste et le choléra. Dans la Tunisie voisine de la Libye, et pour laquelle existent des données épidémiologiques raisonnablement fiables, le nombre de morts de la Covid était de près de 21 000 début août 2021, soit environ 1 700 décès pour 1 million d'habitants.

L'engagement des grandes puissances dans la guerre d'Espagne n'a pas causé la guerre mondiale qui s'est ensuivie, mais il l'a préfigurée, idéologiquement et militairement. Ce conflit montrait que les digues morales, politiques et stratégiques à un conflit général en Europe pouvaient être balayées. Un processus similaire se déroulait en Asie avec la guerre sino-japonaise embrasant la Chine tout entière quatre ans avant Pearl Harbor et l'extension de la Seconde Guerre mondiale à l'ensemble de la planète. C'est à une levée similaire des censures que nous commençons à assister. Comme dans le théâtre espagnol de 1936, les conflits dans notre région méditerranéenne démontrent que la guerre reste ou est redevenue l'*ultima ratio* des peuples et de leurs dirigeants, n'en déplaise à ceux qui dressent le tableau d'une humanité en voie de pacification. Cela vaut pour l'espace européen et méditerranéen mais peut-être de façon encore plus aiguë pour l'immense région Indo-Pacifique avec ses contentieux brûlants en mer de Chine du Sud, à Taïwan, en Corée ou entre la Chine et l'Inde. Par ailleurs, malgré la diversité de ses acteurs locaux et étrangers de la violence, la guerre d'Espagne n'a jamais cessé d'être lisible par les observateurs et les intervenants de l'époque : républicains de toutes nuances et origines d'un côté, nationalistes de provenances diverses de l'autre. Les guerres actuelles n'ont pas toutes ce caractère binaire dans la durée.

En quelque sorte, les risques sont dédoublés : ici, la multiplicité d'acteurs ajoutant du chaos au chaos, notamment en Méditerranée et au Moyen-Orient ; là, la confrontation des superpuissances à l'échelle mondiale et plus spécialement dans l'espace Indo-Pacifique, entre la Chine et les États-Unis, avec la Russie poursuivant par ailleurs ses propres objectifs.

La guerre entre grandes puissances ou puissances régionales est redevenue possible à côté de la conflictualité dite « asymétrique » de la seconde moitié du XXe siècle. Certes, les « guerres du peuple » et autres guérillas, tels les conflits vietnamiens ou afghans pendant la guerre froide, n'ont pas disparu comme en attestent les *forever wars*, les guerres incessantes, des Américains ou des Français contre des insurrections ou des groupes terroristes en Asie ou en Afrique. Il faudra désormais y ajouter un retour à ce que nos ancêtres ont connu au cours du XIXe siècle, avec leurs guerres de Crimée ou autres guerres de Sécession, guerre franco-prussienne ou russo-japonaise, mais dans des conditions sociales, politiques et techniques radicalement différentes. Certes, cela ne signifie pas qu'une guerre mondiale sur le modèle de celles du siècle précédent soit au bout du chemin, perspective que la dissuasion nucléaire rend moins probable. Cependant, non seulement la guerre entre puissances peut revenir, mais elle peut se mondialiser en occupant les espaces, notamment le domaine numérique, dans lesquels la dissuasion n'opère pas.

La montée des tensions débouchant sur un retour à la guerre est relativement récente, avec les premières aventures militaires russes et l'affirmation de la puissance chinoise en mer de Chine du Sud au cours de la décennie précédant la pandémie du coronavirus. Lorsque la Covid a ravagé la planète, il était déjà possible de dessiner cette nouvelle géographie de la prédation, ses enjeux, ses modes opératoires et ses acteurs : telle était l'ambition de notre *Temps des prédateurs* (Odile Jacob, 2020). Ce paysage demeure d'actualité, les acteurs étant les mêmes et leurs rapports de force moins changés qu'il ne peut y paraître à première vue. Mais la pandémie est intervenue à la manière d'un séisme, jetant au sol les édifices les plus solides, imposant son propre ordre du jour, et modifiant les comportements à tous les niveaux.

Désormais, le temps des prédateurs se durcit et se généralise. De manière de plus en plus systématique, il a pour compagne la guerre sous ses diverses formes. C'est le processus de cette transformation qui sera analysé dans un premier temps (chapitres I et II), avant de décrire les manifestations de cette conflictualité des temps nouveaux (chapitre III). Au-delà de la prédation, phénomène brutal mais dans lequel ce sont les intérêts plutôt que les valeurs qui sont au centre du jeu, c'est le contenu idéologique de ce nouveau « temps des troubles[1] » qui retiendra l'attention, notamment dans sa composante chinoise. Ce retour de l'opposition entre idéologies concurrentes s'accompagne du délitement des principaux éléments d'ordre international mis en place au débouché de la Seconde Guerre mondiale (chapitre IV). Enfin, le sort de l'Europe qui sort affaiblie de la pandémie sera au centre de nos préoccupations (chapitre V) : comment pourra-t-elle faire face à une nouvelle catégorie de défis qui la menacent dans son être démocratique, fondé sur le refus de la guerre ?

1. En allusion aux désordres intérieurs et aux guerres extérieures qui ravagèrent la Russie en 1598-1613 avant l'avènement des Romanov au début du XVIIe siècle.

CHAPITRE I

La pandémie comme accélérateur de l'Histoire

La pandémie a commis suffisamment de ravages sur notre planète pour en marquer le visage géopolitique et stratégique. Certaines de ces modifications sont apparues dès les débuts, même si elles étaient souvent fugaces, comme en témoignent les articles et ouvrages qui leur ont été consacrés dès les premiers mois de 2020. En février 2020, le ton sur les réseaux sociaux comme dans les médias classiques était souvent sur le thème : le PC chinois est dans les cordes. En mars, c'était, parfois de la part des mêmes : l'Europe est éclatée et incapable. En avril, la mode était à l'irrésistible montée de la Chine, etc. En mai, on passait à l'échec du Royaume-Uni de Boris Johnson et à la déconfiture de l'Amérique de Trump. Dix mois plus tard, on en était aux jugements définitifs sur le succès de la sortie de crise des Américains et des Britanniques, qui avaient vacciné vite et fort en attendant la suite… Ces rappels, et il en existe tout un florilège, ne sont faits ni par cruauté pour leurs auteurs, ni pour affirmer une quelconque supériorité, car au moment où ils étaient diffusés, ces airs du temps n'étaient pas faux.

Simplement, la Covid était au centre du jeu : c'est elle qui a dicté le rythme des événements au moins jusqu'à l'extension de l'immunité de groupe à travers les politiques vaccinales. Mieux vaut donc éviter de fixer le regard sur l'instantané du jour et analyser l'impact de la pandémie sur nos sociétés en profondeur et dans la durée. Ce sont ces transformations qu'il faut comprendre pour saisir la nature, l'ampleur et l'évolution de la géopolitique et la stratégie à l'épreuve et au débouché de la pandémie.

L'exercice est comparable à ce que pouvait être l'analyse des conséquences en termes de guerre et de paix de la crise de 1929 : mieux valait comprendre le potentiel de transformation de la « Grande Dépression » pour en saisir le caractère belligène.

Certes, plus qu'une grippette…

Lorsque ces lignes ont été écrites, sur la base des chiffres fournis par l'Organisation mondiale de la santé, ce sont près de 4,5 millions de personnes dont la vie a été abrégée par la Covid, dont plus de 750 000 au sein de l'Union européenne, plus de 600 000 aux États-Unis et officiellement de l'ordre d'un demi-million au Brésil et près de 450 000 en Inde. Le chiffre de 4,5 millions est un simple ordre de grandeur, et constitue une sous-estimation. Dans de nombreux pays, le système de santé et les services de l'état civil ne sont pas en mesure de déterminer de manière systématique et fiable la cause d'une partie notable des décès, par exemple au Brésil et surtout en Inde. Dans certains États, les autorités ont voulu minimiser le bilan de la pandémie : tel est notamment le cas au Mexique et en Russie, pays dans lesquels la surmortalité est de 2 à 4 fois supérieure au nombre « officiel » des morts de la Covid. Pour l'Inde, les estimations tournent autour de 2 millions de morts, soit 6 fois plus que les données hospitalières.

Cela concerne aussi tout particulièrement la Chine, où le bilan officiel de moins de 5 000 morts laisse rêveur vu la violence de la pandémie dans la province du Hubei (60 millions d'habitants) et spécialement de sa capitale, Wuhan : nonobstant les efforts d'une censure chinoise elle-même débordée par les événements, chacun se souviendra des scènes de rue et d'hôpital à Wuhan relayées par les médias et les réseaux sociaux. Elles préfiguraient celles de l'Italie du Nord quelques semaines plus tard, avec ses 20 000 morts pendant les premières semaines de la pandémie. Les données locales permettent d'estimer à 38 000-39 000 le nombre de décès à Wuhan et dans sa région. L'engorgement des crématoires de Wuhan, répertorié par les ONG locales, avait précédé le sinistre cortège des camions militaires italiens à la recherche de places dans les cimetières lombards.

L'OMS considère que le bilan mondial serait de 2 à 3 fois supérieur aux 4,5 millions de décès « officiels », soit de 9 à 13 millions de victimes. Certaines modélisations concluaient en juillet 2021 à un total de l'ordre de 16 millions.

Cette comptabilité un brin macabre a pour seul objectif de mettre en perspective le coup de faux du coronavirus : sur sa durée depuis décembre 2019, il s'agit bien de la pandémie la plus meurtrière en l'espace d'un siècle. Elle dépasse nettement la grippe asiatique H2N2 de la fin des années 1950 (de l'ordre de 2 à 4 millions de victimes à l'échelle mondiale), et celle dite « de Hong Kong » de 1969-1970 (17 000 morts directes en France, et jusqu'à 40 000 décès au total dans notre pays). On est cependant très loin des pandémies « historiques » qu'ont constitué les vagues successives de peste avec leurs dizaines de millions de morts dont un tiers ou plus de la population européenne à l'occasion du pic de 1347-1349. Plus près de nous, la grippe dite « espagnole » de 1918-1919 a tué de l'ordre de 20 à 40 millions de personnes dans le monde, dont près de la moitié en Inde. Le nombre de décès en France se situerait entre 200 000 à 400 000, avec un meilleur estimé à 240 000 – soit environ 3 fois plus que la Covid en un an. Notons que pour la France ces chiffres considérables ont été largement dépassés par le nombre de morts sur les champs de bataille, avec 1,4 million de soldats français tués de 1914 à 1918 : la guerre faisait de l'ombre au virus.

Par ailleurs, et contrairement à la grippe espagnole qui fauchait volontiers des personnes jeunes et souvent en assez bon état général, pendant sa première année donc avant la campagne de vaccination, la Covid a tué principalement des retraités (âge médian des décès en France : 85 ans) et des personnes atteintes de comorbidités. La Covid peut entraîner par ailleurs des séquelles substantielles chez les patients qui s'en remettent, notamment chez les sujets jeunes. En outre, un nombre encore indéterminé de décès anticipés frapperont les personnes dont les soins auront dû être déprogrammés du fait de la pandémie. Ce n'est qu'au fil du temps que l'on pourra mesurer pleinement les effets sanitaires directs et indirects du fléau.

Enfin, il faut garder à l'esprit que le bilan de la Covid aurait été plus lourd si les pays industrialisés avaient dû y faire face avec les moyens sanitaires et hospitaliers disponibles il y a un siècle. Cependant, il ne faut pas exagérer les progrès accomplis et leur impact sur le bilan pandémique : pendant le gros de l'année 2020, il n'y avait pas plus de traitement spécifique et de vaccins qu'en 1918-1919. Face à la pandémie du moment, nous nous trouvions aussi démunis à cet égard que nos ancêtres il y a plus d'un siècle. Si, face à la Covid, l'équipement sanitaire de nombreux pays, comme l'Inde, l'Afrique du Sud, le Mexique ou le Brésil, n'était pas au même niveau que le nôtre, force est de constater que les ravages de la pandémie, même en tenant compte d'une estimation parfois approximative des décès, n'y ont pas été notoirement plus élevés que dans certains pays d'Europe ou en Amérique du Nord tout au long de l'année 2020. Les écarts entre pays en termes de sévérité de la pandémie ne sont pas systématiquement corrélés aux inégalités de développement. Ils s'expliquent davantage par les différences démographiques (les peuples jeunes de l'Afrique subsaharienne ont moins souffert que les régions âgées d'Europe), virologiques (il est possible mais non démontré que certains pays d'Asie du Sud-Est auraient bénéficié d'immunités croisées), géographiques (par définition, les îles peuvent s'isoler plus facilement) ou de préparation aux grandes catastrophes naturelles ou humaines, sans parler de choix différenciés de politiques publiques. Les pays asiatiques les plus frappés par des coronavirus dans un passé récent étaient mieux préparés que d'autres.

La prospérité du système de santé n'est pas non plus le prédicteur le plus évident de la qualité de la réponse à la pandémie, pas plus que ne l'est le niveau de vie. Ainsi, par rapport à la Covid, mieux valait au 30 avril 2021 être burkinabé que belge (157 et 24 185 décès), thaïlandais que texan (245 et 50 518), malais que suédois (1 521 et 14 048) et cubain qu'autrichien (654 et 10 233). Nous verrons que cette nouvelle géographie humaine aura aussi ses effets géopolitiques.

C'est à l'intérieur de chaque pays que les inégalités joueront un rôle majeur dans le sort des populations face à la maladie : mieux valait être riche que pauvre, bien nourri qu'obèse ou dénutri, convenablement logé que condamné à la promiscuité, membre du groupe dominant que victime de discriminations ethniques ou religieuses… Nous y reviendrons.

Il reste que le bilan sanitaire de la pandémie tel qu'il est connu aujourd'hui ne suffit pas à expliquer à lui seul l'ensemble des bouleversements causés par la Covid, qui dépassent de toute évidence ceux provoqués par la grippe espagnole. Aussi élevé et inégalement réparti que soit le prix humain direct et indirect de la maladie, c'est souvent dans les domaines économiques et sociétaux que se produisent dans la réalité comme dans les perceptions les chocs principaux.

Les prévisions économiques du Fonds monétaire international pour l'année 2020 rendues publiques en janvier, alors que le virus de Wuhan n'avait pas encore reçu son nom, n'étaient pas particulièrement optimistes. Les tensions géopolitiques, les incertitudes concernant les politiques commerciales, notamment américaines, les catastrophes météorologiques en Australie, en Afrique et dans les Caraïbes, les troubles sociaux ici ou là – sans doute le FMI pensait-il entre autres aux Gilets jaunes – avaient amené l'institution à réviser légèrement à la baisse les perspectives de croissance de la planète pour 2020 et 2021, soit en définitive 3,3 et 3,4 % respectivement. C'était cependant mieux qu'en 2019 et le FMI, tout en évoquant une « reprise poussive », notait que les conditions financières étaient favorables. Somme toute, tout allait plutôt bien même si ça aurait pu aller mieux.

Six mois plus tard, tout cela était emporté par la tempête. Jamais, depuis que les sociétés humaines tiennent des statistiques économiques, il ne s'était produit un retournement aussi brutal à l'échelle de la planète tout entière.

Au premier trimestre 2020, la Chine, le premier pays frappé, connaît un effondrement de –6,8 % de son activité économique par rapport au trimestre précédent : la chute était ainsi de plus de 12 % par rapport au taux de croissance chinois d'environ 6 %. Les pays européens suivront le mouvement au deuxième trimestre, avec une baisse de –14,7 % dans la zone euro (et –18,9 % pour la France) et de –21,7 % au Royaume-Uni. Le même schéma se reproduira dans les autres grands ensembles économiques, États-Unis (–9,0 %), Inde (–23,9 %), Brésil (–11,4 %), Japon (–9,9 %), comme ailleurs dans le monde. Des politiques sanitaires précoces et intelligentes permettront dans certains pays de limiter le bilan de la pandémie en termes de décès : mais quelles que soient les mesures spécifiques suivies en matière de lutte contre la pandémie, tous subiront par ricochet les conséquences du collapsus économique mondial.

Une fois arrivé l'été boréal, la pandémie paraît être tenue en lisière en Europe, au Moyen-Orient, en Inde, en Asie-Pacifique. En juillet 2020, dans ces régions, les décès par Covid étaient devenus statistiquement « invisibles » : dans la plupart des pays de ces régions, tout comme dans l'immense continent africain, il n'y a plus de surmortalité apparente dans les chiffres des instituts d'études statistiques. La politique du coup de frein brutal a été sévère mais elle semble alors avoir payé en termes de mortalité. Les États-Unis, pour des raisons tenant à leur structure fédérale et aux signaux contradictoires de l'administration Trump, ne connaissent pas la même embellie mais leur *hot spot* le plus grave, la région new-yorkaise avec plus de 30 000 morts au printemps 2020, avait été calmé. Restait une Amérique latine, où entre l'hiver austral des uns (Argentine), les postures « trumpiennes » des autres (Brésil, Mexique, qui nient dans un premier temps la réalité de la pandémie) et le sous-équipement des États andins, la pandémie flambe : mais cela paraît se passer aux marges du monde.

Dans les pays industrialisés, la réponse économique à la pandémie sera forte et rapide.

Lorsqu'une voiture « pile » brutalement, mieux vaut pour ses occupants qu'elle dispose de ceintures de sécurité et d'air-bags. Ce sera le cas pour les pays les plus riches, non d'ailleurs sans quelques surprises, généralement bonnes. Dès avril et tout au long de l'année 2020, l'Amérique si individualiste, si hostile au « socialisme » sous toutes ses formes, met en œuvre une politique d'aides aux populations et aux entreprises atteignant $4 000 milliards, soit un cinquième du PIB américain. Le revenu des ménages dépasse même de 6 % le niveau atteint en 2019. Au final, le déficit budgétaire américain s'envole en 2020 à 14,9 % du PIB, chiffre sans précédent depuis la Seconde Guerre mondiale. Les plans de soutien et de relance exécutés en 2020 et pendant le premier semestre de 2021 sont voisins du quart du PIB de 2019.

Avec des variantes diverses, le même phénomène se produit dans une mesure un peu plus faible à l'échelle de l'Union européenne comme des États membres. L'Allemagne, confite en dévotion pour le *Schwarze Null* (l'équilibre budgétaire, et plus si affinités), commençait 2020 avec une prévision d'excédent budgétaire de 13,5 milliards d'euros. En cours d'année, elle tombe dans le péché : elle dépense 130 milliards pour soutenir l'économie face à la pandémie, soit 4 % du PIB, et ce n'est qu'un début. Le déficit budgétaire pour 2020 passe du noir au rouge, à –4,8 %. Elle paraît un instant oublier son « *Nein !* » absolu à la mutualisation des risques à l'échelle de l'Union, rendant possible la levée de 750 milliards d'euros pour abonder le plan de relance européen : sur le moment, cela pouvait surprendre même si la suite n'a que partiellement confirmé le caractère fondateur du geste (chapitre V). Au global, pendant la première année de la pandémie, les mesures de soutien de tous ordres consentis par l'Allemagne se montent à 8 % de son PIB de 2019.

Le chiffre correspondant pour la France est de 12 % du PIB. La France, avec son « quoi qu'il en coûte », découvre avec étonnement que Bercy sait verser aux particuliers et aux entreprises de l'argent, massivement et surtout quasi instantanément. Dans le courant de 2020, la dette publique française s'accroît de 233 milliards, passant de 98 à 116 % du PIB. Avant la troisième vague de la pandémie en avril 2021, le déficit budgétaire prévisionnel pour 2021 était estimé à –8,5 %, soit à peine moins que les –9,2 % de 2020. Ces chiffres vertigineux, dignes du temps des guerres mondiales, laissent fort heureusement de marbre marchés et établissements financiers.

Partout dans le monde, à commencer par la Banque centrale européenne, les principales banques centrales ouvrent en grand les vannes dès avril 2020, allant bien au-delà des mesures d'injection de liquidités dans le système économique *via* la pratique du *quantitative easing* (assouplissement quantitatif) qui avaient naguère et tardivement permis de sortir de la crise de l'euro. De fait, chacun avait appris les leçons négatives de la grande récession de 2008-2009 et de ses suites européennes : en cas de grande crise, mieux vaut appuyer sur l'accélérateur de la dépense que de presser le frein de l'austérité. Certes, la dette publique s'envole partout, mais les marchés ne s'en inquiètent pas et avec des taux de base tournant autour de zéro, elle pèse fort peu sur les comptes des États.

L'économiste néomonétariste Milton Friedman évoquait jadis la nécessité en certaines circonstances de survoler les populations en hélicoptère toutes portes ouvertes et de larguer les billets de banque sur la foule. Hélicoptères en moins, c'est ce qui a été fait. Au moins, l'orthodoxie et la paralysie n'auront pas caractérisé la gestion économique et sociale des principaux acteurs publics en temps de Covid. Dans le microcosme français, Bercy a brillé là où Ségur a cafouillé.

Ainsi, à l'été 2020, la Covid était en recul, sauf en Amérique latine, et la reprise économique était au coin de la rue. La pandémie avait fait perdre près de l'équivalent d'un trimestre d'activité économique dans de nombreux pays et alourdi la dette publique dans des proportions dignes des deux guerres mondiales. Mais maintenant venait le temps de s'intéresser à « la vie d'après ». Dès juillet 2020, les rayons des librairies rouvertes en France croulent d'ailleurs sous les livres tournant autour de cette thématique.

Ce récit était trop beau pour rester tout à fait vrai.

Le virus est un acteur stratégique

Tout d'abord, le virus a rapidement rappelé qu'il n'était pas une matière inerte dont on vient à bout comme on peut réparer les dégâts d'un séisme ou d'une inondation. Soumis aux lois darwiniennes de sélection biologique, le SARS-CoV-2, pour l'appeler par son nom, fait un retour en force dans l'hémisphère nord dès la fin de l'été, mettant à profit le relâchement des mesures de distanciation sociale et le débordement des politiques de tests et de traçage. C'est ainsi qu'une nouvelle vague, plus meurtrière que la première, va s'abattre sur l'Europe, les États-Unis, l'Inde, le Moyen-Orient. Des pays qui avaient traversé sans trop de dommages la première vague prennent la deuxième de plein fouet, notamment l'Allemagne, l'Europe centrale, le Portugal, la Grèce, la Russie, Israël. Un peu partout, le confinement revient à l'ordre du jour, avec un quatrième trimestre qui va tuer dans l'œuf la reprise constatée pendant l'été, cette dernière étant en deçà des espoirs initiaux. En effet, les ménages, devenus naturellement prudents, avaient choisi d'épargner au lieu de consommer à tout-va : l'argent-hélicoptère se retrouvait plus que de raison chez l'écureuil : en France, le taux d'épargne passe ainsi de 15 % des revenus des particuliers à la fin 2019 à près de 27 % six mois plus tard. Sur les trois premiers trimestres de 2020, l'épargne supplémentaire atteint de l'ordre de 90 milliards d'euros, soit 4 % du PIB, et cela en gardant à l'esprit que moins de la moitié des ménages était en mesure d'accumuler une épargne supplémentaire.

Le cas français est illustratif de ce qui s'est passé dans d'autres économies avancées. Aux États-Unis, ce sont plus de 6 % du PIB d'épargne supplémentaire qui ont été accumulés par les ménages en 2020 depuis le début de la pandémie. Une grande partie des fonds destinés à soutenir l'activité à travers la consommation ont en fait été mis de côté par précaution ou dans l'attente de circonstances permettant de les dépenser au mieux. Aux États-Unis, la couverture sociale n'est pas ce qu'elle est en Europe, aussi l'argent-hélicoptère était encore plus nécessaire qu'en Europe. Par ailleurs, quand les frontières et les lieux de loisirs sont fermés, peu de gens parmi ceux qui en ont les moyens vont s'offrir de belles vacances ou même des vêtements plus élégants que ceux du *dress code* volontiers grunge des réunions Zoom. Cependant, grâce à l'abondance des chèques versés directement aux ménages, aux États-Unis, l'épargne a été accumulée non seulement pas les classes aisées mais aussi par les populations moins favorisées : la moitié la plus pauvre de la population a vu son bas de laine augmenter de 11 % en 2020. À partir du début de l'année 2021, c'est cet argent qui a dopé la reprise économique américaine une fois levées la plupart des restrictions dues à la lutte contre la pandémie.

Au terme de 2020, le PIB mondial s'est au final rétréci de –4,3 %, avec des points bas de –7,1 % dans la zone euro, –3,5 % aux États-Unis, –7,0 % en Inde et –4,8 % au Japon pour s'en tenir à 4 sur 5 principaux ensembles économiques de la planète. La Chine, quant à elle, était certes parvenue à assurer selon ses chiffres officiels une croissance de +2,3 % en 2020, mais il s'agit là de sa plus mauvaise performance depuis 1976, l'année de la mort de Mao ; surtout, nous verrons que ce résultat pose quelques problèmes.

De fait, il apparaît dès le début de l'automne 2020 que l'embellie de l'été n'avait été qu'un faux espoir. Au mieux donc, il allait falloir attendre que des vaccins efficaces et sûrs assurent l'immunité de groupe. En admettant comme hypothèse, au demeurant fort aléatoire, que des vaccins sortent avec succès de leur phase d'essai à la fin 2020, cela permettait d'espérer un retour à meilleure fortune des pays en mesure de se procurer les doses nécessaires vers le milieu de 2021, voire avant en cas de miracle vaccinal. Il s'en produira d'ailleurs, notamment en Israël et au Royaume-Uni, avec les livraisons anticipées de certains vaccins dès décembre 2020 immédiatement et massivement administrés à la population.

Malheureusement, le virus, comme tout être doté d'un code génétique, peut muter et par le jeu de la sélection darwinienne, ce sont les mutations qui lui seront favorables qui seront retenues face aux efforts que nous, êtres humains, faisons pour en contrer la diffusion. C'est ainsi qu'apparaissent au tournant de 2020-2021 de nouvelles variantes du « corona », parfois plus virulentes que le virus initial issu de Wuhan, mais surtout largement plus transmissibles. Dans le meilleur des cas, cette transmissibilité accrue allait se traduire par une immunité de groupe nettement plus élevée. Au lieu des 50 à 70 % de la population estimés jusque-là, le seuil pourrait se situer autour de 80 % sinon davantage. Aussi faudra-t-il vacciner plus que prévu, ce qui est faisable mais prend plus de temps, toutes choses étant égales par ailleurs. En attendant, les ravages au Royaume-Uni du premier mutant détecté, « l'anglais », ou Alpha, et ses cousins brésilien P.1, ou Bêta, sud-africain B.1.351, ou les Gamma et Delta indiens, etc.[1], ont amené de nombreux pays à mettre en place de nouvelles restrictions, avec leurs dommages économiques, sociaux et psychologiques. Ces mutations sont apparues à l'automne 2020, donc avant même que le virus n'ait développé d'éventuels variants en réaction aux vaccins dispensés à partir de décembre 2020. Le chemin vers le monde d'après allait être plus long et pénible que prévu.

Dans le pire des cas, les mutations en cours ou à venir du virus pourraient affecter l'immunité conférée par les vaccins immédiatement disponibles, obligeant à des modifications chronophages des vaccins, voire une revisite des campagnes engagées à partir de décembre 2020. Cela existe certes pour les grippes saisonnières, pour lesquelles on change de vaccin chaque année. La Covid, hélas, n'est pas une simple grippe.

1. Pour ne pas paraître stigmatiser les pays concernés, l'OMS a recours à partir de juin 2021 à l'alphabet grec pour désigner ces variants.

« Argent-hélicoptère » et divisions sociétales

Dans ces circonstances, la tendance naturelle serait de prolonger l'enchaînement inattendu mais somme toute positif des mesures économiques et sociales d'urgence prises dès le printemps 2020 tout au long de 2021, jusqu'à ce que la population mondiale soit massivement vaccinée et le « corona » marginalisé, voire éradiqué comme l'avait été le virus de la variole il y a quatre décennies. Mais jusqu'à quand et jusqu'où cela est-il possible ? En termes de théorie économique, la réponse à cette question est loin d'être évidente, tant nous manquons de précédents par rapport à la combinaison en 2020-2021 de l'envolée de l'endettement public, d'intervention sans limites des banques centrales, de quasi-absence d'inflation, de taux d'intérêt voisins de zéro et d'envolée du cours des actifs boursiers.

Cette situation ne ressemble ni à la relance keynésienne des années 1934-1940, ni à la gestion de la grande crise financière de 2008-2009. Vaste sujet pour les candidats au « prix Nobel » en économie que cette nouvelle Terra Incognita. Serait-il par ailleurs possible de continuer à financer le « quoi qu'il en coûte » si la pandémie était relancée par de nouvelles mutations du coronavirus ? Ou à l'inverse, comment ce modèle inédit se comporterait-il si une surchauffe économique brutale et inflationniste devait succéder dès l'été 2021 à la « corona-récession », dès lors qu'une population durablement immunisée par des vaccins efficaces voudrait retrouver les plaisirs perdus de la consommation sous toutes ses formes ?

En attendant de connaître les réponses à ces questions, nous pouvons au moins évaluer l'impact immédiat de la poursuite de cette politique et de ses volets sociaux et sanitaires sur nos pays et leurs citoyens et, en aval sur leurs relations, entre eux. L'« argent-hélicoptère » qui est actuellement dispensé ne creuse pas en apparence les inégalités au détriment des moins riches : les aides directes ou indirectes ont permis d'éviter un effondrement des revenus du plus grand nombre. La réalité ne se résume malheureusement pas à ce constat rassurant. Les inégalités et les divisions se creusent par ailleurs, et d'une manière qui pourrait avoir sur nos sociétés des effets en termes de conflictualité aussi délétères que ceux des suites de la crise de 1929.

Tout d'abord, une fracture nouvelle se produit entre ceux qui peuvent continuer à occuper un emploi productif grâce aux merveilles des technologies en ligne et les personnes dont les activités normales exigent une présence physique désormais entravée, voire interdite, par les mesures barrières. Au cœur de ce clivage se produit la fracture entre les domaines préservés, voire stimulés, en période de pandémie et les secteurs impliquant des services à la personne incompatibles avec la lutte contre la Covid : d'un côté, fût-ce avec des contraintes, l'agroalimentaire, l'industrie manufacturière non liée à la mobilité des personnes, le tertiaire numérisé et notamment la distribution à distance dopée tout comme l'est tout ce qui rend techniquement possible l'économie en ligne ; de l'autre, tout ce qui a trait aux services à la personne, les arts créatifs, les loisirs et spécialement le tourisme, les sports et les transports notamment aériens. Cette inégalité est en partie seulement affaire de revenus, « l'argent-hélicoptère » permettant d'amortir peu ou prou le choc. Elle est psychologiquement, et éventuellement politiquement, plus profonde encore, creusant un fossé entre ceux qui peuvent se réaliser à travers leur métier et ceux qui sont mis à l'écart : les utiles d'un côté, les inutiles de l'autre. Ce déclassement insupportable rappelle celui des années 1930 car touchant des couches par ailleurs très diverses de la société, et notamment les classes moyennes.

Sur ce registre risque aussi d'apparaître un autre phénomène qui avait déjà joué un rôle important dans l'ensauvagement politique pendant l'entre-deux-guerres. Ceux qui avaient porté l'essentiel du fardeau humain de la Première Guerre mondiale se sont souvent sentis maltraités ou trahis à l'issue du conflit. La formule de Clemenceau à l'adresse des « poilus », « ils ont des droits sur nous », au plus fort de la guerre était vite oubliée une fois la paix revenue par une société qui voulait tourner la page, ou du moins était-ce l'impression ressentie à l'époque par la vaste cohorte des anciens combattants. Pour eux, point d'« années folles », ni de « pays digne de nos héros » (pour reprendre un slogan électoral britannique de l'époque) mais de chiches pensions pour les invalides, l'insécurité de l'emploi pour d'autres, et le poids des promesses non tenues. Le fascisme italien, le revanchisme allemand avec son mythe du « coup de poignard dans le dos », les ligues factieuses françaises ont été nourris à cette source.

Le président Macron a repris la forte formule de Clemenceau en s'adressant aux Français à propos du personnel sanitaire en mars 2020. Pendant la première vague de l'épidémie, ce sentiment était largement partagé, matérialisé dans de nombreux pays par les applaudissements de la population tous les soirs de confinement à proximité des centres hospitaliers. Rien de tel quelques mois plus tard, lorsque la pandémie tuera pourtant davantage encore. Dorénavant la question n'était plus « l'hôpital tiendra-t-il ? » mais « la population (ou l'économie) peut-elle supporter un reconfinement ou des mesures perçues comme discriminatoires ? ». Une nouvelle géographie humaine se dessinait ainsi entre un « front » médical à la fois exposé et oublié et une population réputée n'en plus pouvoir psychiquement des mesures barrières et à laquelle s'appliquait désormais le mot d'humeur prêté aux poilus de la Grande Guerre : « L'arrière tiendra-t-il ? » Tant que le « quoi qu'il en coûte » est au rendez-vous, au moins sera-t-il possible d'abonder en argent frais le secteur de la santé et son gros million de soignants de toutes catégories, pour s'en tenir au chiffre français. L'affaire ne se résume pas cependant à une question d'argent, même si le retour éventuel à sa raréfaction aggravera fortement la césure entre celles et ceux du « front » et les « planqués ». Tous les pays n'ont pas eu la simple humanité, ou parfois le cynisme politique, de bâtir un récit honorant les soignants. Au Royaume-Uni ce sera le slogan constamment réitéré : « Protégez le service national de santé » (*Protect the NHS*). Il est vrai que les Britanniques ont une forme d'affection pour « leur » NHS qui dépasse la simple défense des droits acquis. Puis il y a la Chine, avec son narratif de bataille contre la pandémie, centré sur Wuhan. Dans ce dernier cas, il s'agit aussi de célébrer la sagesse du Parti et de faire oublier les persécutions subies par les soignants, dont le martyre du Dr Li Wenliang, victime de son devoir, ou de simples citoyens ayant tenté d'alerter les autorités défaillantes dans les premières semaines de la pandémie.

Ces propos ne signifient pas que les soignants de la Covid deviendront demain une masse de manœuvre politique comme le furent les associations d'anciens combattants jadis. La culture hospitalière et sanitaire est par définition aux antipodes de la violence guerrière qui contribua à l'émergence d'une « génération perdue » prête à toutes les aventures. Simplement, celles et ceux qui ont subi l'épreuve du feu de la Covid dans un isolement croissant se rappelleront légitimement et inévitablement au souvenir politique du « monde d'après ». En France, les soignants n'oublieront pas qu'aux applaudissements de 20 heures pendant la première vague a succédé le silence pendant la deuxième, avant les procès qui leur furent faits, y compris par leur ministre de tutelle, devant leur apparente réticence à se faire vacciner, sans parler des dégâts occasionnés par le retard des mesures de freinage lors de la troisième vague.

Plus lourde encore de conséquences fissipares est l'envolée de la richesse de ceux qui sont désignés comme les « 1 % » et qui sont surtout les « 1 % du 1 % ». Avec des taux d'intérêt au plancher, ceux qui en ont les moyens tentent de placer leur épargne sur le marché des valeurs mobilières et, dans une moindre mesure, des biens immobiliers. Si l'inflation des prix des biens de consommation courants en 2020 était pratiquement nulle dans les économies avancées, on assiste au contraire à une forte inflation du prix des actifs. De plus, à tort ou à raison, les marchés qui avaient plongé dans les premiers mois de la pandémie n'ont cessé d'anticiper le retour à la normale « d'avant », ravivant rapidement les cours dans l'attente d'une reprise alimentée par la libération du stock d'épargne des ménages. De surcroît, certains secteurs comme l'industrie pharmaceutique ou l'économie numérique ont gagné en activité et en valeur pendant la pandémie. L'indice Standard & Poor's, assez représentatif de l'ensemble des grandes entreprises américaines tous secteurs confondus, termine l'année 2020 sur une hausse de 16,3 %. Les heureux actionnaires ne connaissent pas la « corona dépression ». L'indice NASDAQ qui concerne les sociétés de technologie de pointe cotées à New York gagne carrément 43,6 %. Naturellement, une reprise remise aux calendes ou la réduction des mesures de soutien des États à l'économie pourraient faire replonger ces indices. En attendant, c'est champagne et caviar chez les « 1 % du 1 % », et la soupe à la grimace pour la vaste majorité.

Cette situation prévaut sans surprises aux États-Unis et à des degrés divers dans les autres économies avancées mais aussi en Inde. La Chine, gouvernée par un puissant parti communiste, en donne cependant une des illustrations les plus caricaturales : en 2020, les 2 000 fortunes les plus élevées – c'est-à-dire l'équivalent d'une fraction des « 1 % du 1 % » – ont vu s'accroître leurs actifs de l'équivalent de près de $1 500 milliards, soit plus de 10 % du PIB chinois. Que de tels chiffres aient pu être cités par la presse économique chinoise soumise à la censure montre que le phénomène est trop visible pour être caché. Le Parti communiste chinois devra au moins faire semblant de s'attaquer au problème d'une manière ou d'une autre.

Socialement et éventuellement politiquement, la pandémie voit s'accumuler la poudre des explosions futures. La tentation sera forte de trouver des boucs émissaires intérieurs ou extérieurs, à la manière de ce qui s'est passé pendant les années 1930.

Cette accentuation des inégalités a ses contreparties internationales. L'amortissement réussi du choc social de la pandémie grâce à l'« argent-hélicoptère » a été lui-même extraordinairement inégal, avec une corrélation directe à la surface économique et à la puissance financière initiales de chaque pays. Sur les plus de $14 000 milliards dépensés dans le monde en 2020 pour soutenir la consommation et l'activité des entreprises, c'est-à-dire l'équivalent du PIB de la Chine ou de la zone euro, plus des trois quarts l'ont été dans les économies dites

« avancées ». La majorité de la population de la planète a dû se contenter des $3 000 milliards restants.

Aux États-Unis, nous avons vu que ce sont 27 % environ du PIB d'avant la crise qui ont pu être mobilisés entre avril 2020 et avril 2021, suffisants non seulement pour protéger les secteurs d'activité et les populations les plus frappées, mais encore ouvrant la perspective d'une relance vigoureuse. En Europe et notamment en France, qui est proche de la moyenne des pays de la zone euro, l'on retrouve les mêmes chiffres, mais réduits de près de la moitié, sachant que l'argent du plan de relance de l'Union européenne ne commencera au mieux à couler de façon conséquente qu'à partir du second semestre de 2021. Cet ensemble de dépenses permet d'amortir le choc économique et social mais sans assurer le même potentiel de reprise immédiate qu'outre-Atlantique.

Dans les pays périphériques que sont l'Italie et l'Espagne, particulièrement atteints au double plan sanitaire et économique, il faut diviser à nouveau par deux les fonds nationaux alloués au soutien économique et social. Dans la durée, l'on risque de creuser à nouveau les écarts au sein de la zone euro, en provoquant un mauvais remake des tensions qui ont failli entraîner l'implosion de l'Union au début des années 2010. Le problème est d'ailleurs pris au sérieux : l'Italie, particulièrement frappée, devrait recevoir ainsi plus du quart du total du plan de relance de l'Union européenne alors qu'elle représente un huitième de la population de l'Union. Les 750 milliards de ce plan de relance, qui représentent l'équivalent de 3 % du PIB annuel de l'Union mais étalés sur plusieurs années, ne suffiront cependant pas à eux seuls à assurer la cohésion de l'ensemble, même si la croissance revient durablement à partir de 2022. En réalité, il ne s'agit pas là d'« argent-hélicoptère » mais d'un plan de modernisation pluriannuel certes parfaitement nécessaire, mais qui ne répond pas à lui seul à l'urgence du moment.

Dans la pratique, l'Union n'a pas fait ce qu'il fallait pour réduire l'écart entre les pays du Nord les plus prospères et les pays du Sud, face à la coronarécession. La reprise prévue à partir de l'été 2021 sera fort inégale entre les pays d'Europe du Nord, dont la France, et le Sud méditerranéen.

De façon plus générale, l'écart risque fort de se creuser entre une reprise fougueuse aux États-Unis, dopée par le plan de relance de $1 900 milliards dont la manne irrigue les ménages dès avril 2021, et une relance plus molle dans une Europe qui a par ailleurs connu une coronarécession nettement plus profonde. Le plan d'infrastructure de plus de $2 200 milliards que souhaite mettre en œuvre l'administration Biden soutiendrait davantage encore la reprise américaine dans la durée, s'agissant de dépenses d'investissement.

Pourtant, ce sont encore des problèmes de riches si on compare le sort de l'Europe à celui des pays du Sud. Le plus souvent, l'Amérique latine, l'Afrique, l'Inde n'ont pu mobiliser qu'une fraction des moyens des pays les plus prospères. Or, les États latino-américains, l'Afrique du Sud et une bonne part des pays du grand Moyen-Orient (notamment l'Iran et la Tunisie), sans parler de l'Inde, sont aussi parmi les plus éprouvés par la pandémie, et tous subissent les effets économiques de la coronarécession. Pour eux, c'est la double peine.

Le Fonds monétaire international avait certes mobilisé $106 milliards en 2020 pour aider ces pays et d'autres à faire face : cela représentait cependant moins de 1 % de leur PIB agrégé, et il faudrait mobiliser l'intégralité de la capacité d'emprunt du FMI, actuellement établie à $1 000 milliards, pour combler le fossé avec les pays du Nord. Aussi, en mars 2021, le conseil des gouverneurs du FMI a recommandé l'émission de l'équivalent de $650 milliards de nouveaux droits de tirage spéciaux pour lutter contre les conséquences de la pandémie. Malheureusement, cela arrivera au mieux avec plus d'un an de retard par rapport aux aides et subventions mobilisées par les pays du Nord à leur propre bénéfice. L'argent pour les pays pauvres ne voyage pas en hélicoptère.

Cette inégalité Nord-Sud se reflète aussi et de façon particulièrement corrosive dans l'accès à la vaccination. Cela ouvre la voie à la « diplomatie du vaccin » de la Chine, comparable dans son esprit et ses modalités à la cynique « diplomatie des masques » du printemps 2020 d'outil d'influence vers les pays les plus vulnérables, tout cela sans que les vaccins chinois aient encore reçu le feu vert des grandes agences médicales européennes ou américaines. De fait, en avril 2021, il apparaît que les vaccins chinois n'avaient peut-être pas toutes les vertus que leur prêtaient initialement les autorités de Pékin. Cela relativise le fait que la Chine avait exporté plus de 250 millions de doses de vaccin à la fin mai 2021, contre 111 millions de doses livrées pour l'Union.

Sur un registre nettement plus altruiste, le programme international Covax de l'OMS et du Gavi (le consortium philanthropique auquel contribuent entre autres l'OMS, l'Unicef, de nombreux États et la fondation Melinda et Bill Gates) vise à fournir des vaccins à 20 % de la population de la planète d'ici la fin de 2021, 350 millions de doses devant avoir été distribuées à la fin juin 2021 et 2 milliards avant janvier 2022. C'est bien, mais peu par rapport aux programmes de vaccination couvrant l'intégralité de la population des pays du Nord. Circonstance aggravante, le programme Covax dépend pour moitié de la production indienne de vaccins, or, devant la recrudescence de la pandémie en Inde, ce pays a commencé à réduire ses exportations à partir du 24 mars 2021, puis à les suspendre complètement, rendant problématique la réalisation des objectifs visés. Peut-être les États-Unis, qui ont produit plus de vaccins qu'ils n'en peuvent écouler chez eux, prendront-ils en partie le relais ? En attendant, 1 521 millions de doses seulement avaient été livrées au programme Covax à la fin juillet 2021.

On notera que la Chine se tient pour le moment à l'écart de Covax. Elle préfère, de manière « trumpienne », le bilatéral au multilatéral. Elle cherche à maximiser son influence politique par la livraison fortement médiatisée de vaccins directement à tel ou tel pays pris individuellement, histoire de se créer des obligés.

Cette situation, qui pourrait être compliquée par l'apparition au fil du temps de variants du virus résistant aux vaccins, n'est pas seulement inacceptable au plan moral : c'est l'ensemble de la population de la planète qui doit être vaccinée si l'on veut prévenir un retour offensif de la pandémie.

Le multilatéralisme cède le pas devant le « nationalisme du vaccin », malgré une politique européenne d'exportation plus généreuse qu'il n'a pu paraître au premier abord, et nonobstant les livraisons de vaccins par la Chine ou la Russie. Dans ce dernier cas, les quantités ont souvent été plus médiatiques que substantielles devant les caméras de télévision sénégalaises, argentines ou boliviennes. Le jeu de Moscou a été à la fois baroque et pervers. La Russie a voulu vendre son vaccin « Spoutnik V » directement à tel ou tel membre de l'Union européenne, comme la Hongrie ou, avec moins de succès, la Slovaquie, plutôt que de déposer en temps et en heure un dossier d'approbation auprès de l'Agence européenne des médicaments, ce qui lui aurait ouvert l'immense marché européen ainsi que sa capacité de production vaccinale. De fait, il manque à la Russie les capacités de production nécessaires pour tenir ses promesses chez elle comme à l'étranger. Ainsi, la population russe n'avait guère bénéficié du vaccin au 17 juin 2021 : 11 % de la population seulement avait reçu au moins une injection, 36 % au sein de l'Union européenne, qui n'était pas un modèle de rapidité. Pourtant, la Russie est durement frappée par la Covid, avec officiellement plus de 160 000 morts début août 2021 mais avec une surmortalité de l'ordre de plus de 600 000 personnes depuis le début de la pandémie. La Russie comme la Chine ont préféré diviser pour régner sur la diplomatie du vaccin, mais contrairement à Pékin, Moscou n'avait pas les moyens de sa politique.

Lorsque viendra le temps des règlements de comptes, ces fractures créeront d'importantes tensions politiques et stratégiques. De fait, la politique de vaccination se prête plus que d'autres aux déchaînements d'égoïsme puisqu'ils concernent à la fois chaque individu et la collectivité à laquelle celui-ci se rattache. Les effets géopolitiques ne se limitent pas ici aux désaccords diplomatiques d'État à État mais plongent leurs racines au plus profond des sentiments ou ressentiments populaires. Le nationalisme et la xénophobie ne demandent qu'à ressurgir.

Un autre type d'inégalité, moins présente dans le débat public, concerne le caractère spécifique de la politique économique de la Chine face à la pandémie. En simplifiant à l'extrême, la plupart des pays industrialisés et émergents ont utilisé leurs marges de manœuvre financières pour soutenir le revenu de leurs habitants affectés par la pandémie et par les mesures de lutte contre celle-ci. Dans le courant de 2020, les dépenses d'investissement ou les mesures de soutien aux exportations n'ont pas été prioritaires dans les pays occidentaux.

La Chine a fait le contraire : peu d'« argent-hélicoptère », beaucoup d'aides immédiates aux investissements avec en priorité des priorités la relance des exportations. Lorsque la Chine déconfine son économie avant la fin du premier trimestre, elle exporte avec énergie vers une Europe et une Amérique du Nord dont l'activité productive est paralysée par le confinement tout au long du deuxième trimestre mais dont les consommateurs disposent d'un pouvoir d'achat quasi intact grâce à l'« argent-hélicoptère » emprunté par nos pays. Seule parmi les vingt principales économies du monde, la Chine a pu ainsi assurer une croissance positive en 2020. Les emprunteurs occidentaux, donc en définitive les contribuables de nos pays, financent ainsi en partie la reprise chinoise dont le Parti communiste chinois s'attribue volontiers le mérite.

Alors que l'air du temps est, d'ailleurs à juste titre, aux commentaires sur la démondialisation et au découplage entre la Chine et l'Occident, dans l'immédiat nous assistons à un remake en accéléré des années 2000-2010 : les Occidentaux empruntent, et avec leur pouvoir d'achat ils achètent sans compter à la Chine qui investit dans de nouvelles capacités de production, et ainsi de suite. Ce cercle devenu vicieux sera une des causes de la grande crise financière de 2008-2009. L'histoire a quand même des chances de ne pas se répéter, les plans de modernisation européens et américains mis en œuvre au cours des prochaines années n'étant pas de nature à doper l'économie chinoise.

Le retour de l'État

Un facteur commun relie entre elles toutes ces réponses sanitaires, économiques et sociales à la pandémie, c'est le renforcement du rôle de l'État sous toutes ses formes, qu'il soit prescripteur, régulateur, ordonnateur, répressif. Les libertariens les plus extrêmes du microcosme trumpien au Congrès ont voté avec entrain et sans conditions des crédits par centaines de milliards aux plus pauvres, les austéritaires allemands et bataves ont dépensé comme s'il n'y avait plus de différence entre les excédents vertueux et les déficits diaboliques, les Italiens les plus exubérants ont porté le masque en respectant les gestes barrières avec une constance parfois absente dans les pays nordiques, cependant que les Français réputés si frondeurs ont certes pu grogner mais ont accepté les joies douteuses du confinement avec une discipline à laquelle les pouvoirs publics ne s'attendaient guère.

Il est vrai que ceux qui dérogeaient à cette intrusion de l'État l'ont souvent payé au prix fort : la Californie démocrate et antiautoritaire ou le Texas républicain et hyperindividualiste ont payé cash leurs lubies, tout comme la Suède volontiers donneuse de leçons qui a refusé le confinement et s'est retrouvée avec un taux de décès cinq fois supérieur à celui des pays voisins…

Dans les temps de crise, ce phénomène de la prégnance et de l'hégémonie de l'État est cependant la règle, qu'il s'agisse des grandes guerres du XXe siècle ou de la Grande Dépression des années 1930, ou la grande crise financière il y a un peu plus d'une décennie. C'est le plus souvent à genoux que les banques se sont fait nationaliser *de facto* à l'époque, après le krach de Lehman Brothers en 2008.

Aussi, et contrairement à une idée largement répandue dès les premiers mois de la pandémie, ce n'est pas dans cette « revanche » bien réelle de l'étatique sur les intérêts particuliers que l'on trouvera forcément les agents de changement les plus inédits au plan politique et stratégique. De plus, les exemples historiques tendent à montrer qu'une fois passée la crise, la vague refluera en partie : le respect des distances de séparation ou le recours à des financements non conventionnels ont des charmes limités dans la durée. Même en tenant compte de tels mouvements de reflux, il existe un effet cliquet lorsque la puissance publique découvre de nouveaux champs d'opération ou de nouvelles formes d'action. Qui est prêt à parier que les banques centrales reviendront à la place d'acteurs indépendants mais à vocation limitée qui a été la leur au cours du demi-siècle écoulé ? Qui pense que triomphera de nouveau la mondialisation libérale avec ses chaînes de valeur intercontinentales fonctionnant comme si la politique et les frontières n'existaient pas ?

Ici intervient un paradoxe. La numérisation et de façon plus générale tout ce qui touche aux technologies dites « exponentielles » ont certes permis l'émergence de puissants groupes industriels qui dépassent en moyens financiers la plupart des États de la planète. Mais c'est cette puissance même des acteurs technologiques qui amène les États à réaffirmer leur rôle. C'est depuis longtemps le cas en Chine, qui fait « disparaître » les PDG de grands groupes lorsque ceux-ci déplaisent, mais la tendance est devenue générale à l'occasion de la pandémie. La souveraineté numérique qui est à la mode à Bruxelles et à Paris vaut certes à l'encontre des empiétements de la Chine ou des États-Unis, mais elle implique aussi un contrôle plus strict en interne.

La même remarque vaut dans le domaine monétaire et financier. Les banques centrales conserveront vraisemblablement leur nouvelle vocation dorénavant élargie bien au-delà de leurs rôles dans le domaine de la monnaie et la maîtrise de l'inflation : la grande crise financière de 2008-2009 puis la crise de l'euro avaient été les précurseurs de leur action économique élargie, la pandémie en aura été l'apothéose. L'extension de l'emprise des États en sera une des conséquences, légitimité politique oblige.

Il en va de manière générale de l'avenir de la mondialisation qui sera de plus en plus numérisée et de la réaffirmation des frontières : moins de mondialisation « à l'ancienne » et plus de frontières supposent un retour durable en puissance des États, qu'ils soient démocratiques ou autoritaires.

Démondialisation et découplage

« Démondialisation » et « découplage » font partie des mots qui ont pris leur essor pendant la pandémie. La première avait en fait commencé à se manifester dans la décennie précédant la pandémie. Pour la première fois depuis que le mot *globalization* était entré dans les dictionnaires du monde américanophone dans son sens actuel en 1951, la grande crise financière de 2008-2009 avait vu le décrochage durable du commerce extérieur par rapport à la croissance économique : jusque-là, le commerce augmentait plus rapidement que l'économie en général, depuis lors, c'est le contraire. Ainsi, sur la décennie 2010-2019, le commerce international croît de l'ordre d'un sixième, alors que le produit mondial brut augmente de près d'un tiers.

Ainsi, le moteur commercial de la mondialisation tournait déjà au ralenti une décennie avant la Covid. Simplement, il a fallu le choc brutal de la pandémie pour que la crise de la mondialisation soit perçue comme telle, parfois même avec excès.

En parallèle, les flux migratoires Sud-Nord, en croissance plus rapide que l'augmentation générale de la population mondiale depuis la décolonisation, reçoivent un premier coup d'arrêt en 2016, avec l'élection de Trump aux États-Unis d'un côté et, de l'autre, les mesures prises par l'Union européenne pour empêcher que ne se renouvelle l'entrée incontrôlée de 1,2 million de réfugiés en 2015-2016. Dans le domaine devenu clé de la maîtrise à l'échelle mondiale des *Big Data*, les premières mesures de régulation sont prises par les Européens en 2018 avec le timide règlement général sur la protection des données.

La pandémie a donné un coup de fouet brutal, quoiqu'en partie temporaire, à ces processus de démondialisation avec notamment un trafic aérien international de passagers réduit sur l'ensemble de 2020 à moins de 40 % du niveau de 2019, et une réduction de 45 % du nombre de demandeurs d'asile en France au cours du premier semestre 2020. La partie la plus structurante de la mondialisation qu'est le transport international des marchandises a lui diminué de l'ordre de –9,2 % en 2020, substantiel quoique moins dramatique que celui du trou d'air consécutif à la grande crise financière avec –12,2% en 2009.

De manière générale, la pandémie est venue rappeler que la recherche à tout prix de l'efficience, c'est-à-dire l'efficacité supposée au moindre coût, se fait au détriment de la résilience, sans laquelle les sociétés humaines ne peuvent pas faire face aux chocs. Ainsi en 2005, en prévision d'un choc pandémique jugé inévitable, la France avait voulu assurer sa résilience en constituant des stocks massifs de masque chirurgicaux de toutes catégories. Pendant la décennie suivante, ces stocks ne sont pas renouvelés, tout cela au nom de l'efficience : en cas de coup dur, il suffirait de s'approvisionner sur le marché international, essentiellement en Chine. C'est ainsi que notre pays s'est trouvé fort dépourvu une fois la bise pandémique venue en 2020.

Désormais, la démondialisation s'est installée dans les têtes. Ce qui relevait naguère des poussées de fièvre altermondialistes de l'extrême gauche dure des *tutti bianchi* et autres *black blocs* ou des lubies de *boomers* post-soixante-huitards devenait soudainement hégémonique au sens gramscien du terme : vous savez qui a perdu la bataille idéologique quand Klaus Schwab, l'incarnation même de « l'homme de Davos » puisqu'il a fondé et dirige le forum éponyme, déclare qu'il faut procéder à une « grande remise à zéro » (*reset*) de notre monde…

L'on notera au passage qu'un monde qui tourne le dos à la mondialisation comme système d'organisation international n'est pas forcément plus hostile à la démocratie que ne le serait la poursuite de la mondialisation. Si la mondialisation a été largement américano-centrée pendant son premier demi-siècle, des années 1960 jusqu'au choc de 2008-2009, et donc d'inspiration politiquement libérale, depuis la grande crise financière elle a pris un tour de plus en plus sino-centré. En 2019, la Chine était le premier partenaire commercial de deux fois plus de pays que les États-Unis. La Chine est proche de la parité avec l'Amérique en matière d'innovation technologique, et notamment dans les domaines cybernétiques et informationnels, qui sont devenus les clés de la puissance économique, politique et stratégique. Certes, ceux-ci restent le pivot financier et monétaire du monde, et leur *soft power* culturel au sens large dépasse de loin celui de la Chine. Le sens des évolutions est cependant clair : la mondialisation chinoise tourne résolument le dos à la décadence démocratique et met en exergue un tout autre modèle d'organisation politique autoritaire de la société, tout en reprenant les traits de la mondialisation américaine en termes de creusement impitoyable des inégalités, nous y reviendrons. Simplement, il ne faut pas confondre crise de la mondialisation et crise, par ailleurs bien réelle, de la démocratie, largement imputable justement à l'accroissement des inégalités et de la précarité. Maîtriser et encadrer la mondialisation tant chinoise qu'américaine est au contraire une des conditions d'un regain démocratique.

En revanche, la démondialisation suppose un rôle plus important de l'intervention de l'État : le péril pour la démocratie réside dans cette puissance accrue si l'État concerné est illégitime, et davantage encore si cette illégitimité se double d'une instrumentalisation accrue des services en ligne et des *Big Data* au service d'un projet politique autoritaire, telle la cyberdictature chinoise. Ce risque-là, avec son potentiel de conflictualité, a été renforcé pendant la pandémie.

Pis, la démondialisation érigée en dogme systémique conduirait à son contraire qu'est le nationalisme. Or force est de constater que face à une pandémie, phénomène mondial par définition, des mesures purement nationales seraient vaines. C'est une chose pour les Européens que d'assurer la résilience sociétale, par exemple en relocalisant la production de biens critiques tels les vaccins, traitements et équipements de protection en Europe. C'en est une tout autre que de refuser la concertation et parfois même l'intégration des efforts de chacun dans un ensemble multilatéral. Nous savons notamment que le nationalisme vaccinal n'est pas seulement contestable au plan moral ; c'est tout autant une ânerie monumentale en termes d'efficacité de la lutte épidémiologique prise dans son ensemble. En termes géopolitiques, il y aura ainsi tension entre la démondialisation gage de résilience et la nécessaire gestion multilatérale des défis mondiaux, tels les pandémies mais aussi le changement climatique.

Le découplage pour sa part s'est rapidement imposé comme un raccourci de la lutte contre la version chinoise de la mondialisation. Les opinions publiques occidentales ont subi avec consternation dans les premiers mois de la pandémie la dépendance par rapport à la production chinoise de masques et autres produits sanitaires. C'est avec sidération que les populations ont ensuite assisté au spectacle humiliant de la pratique de la « diplomatie du masque » par la même Chine qui livrait les équipements de protection au bout d'un élastique politique et médiatique, parfois au prix fort et sur la base de matériels défectueux. Cette double démonstration a débouché sur une mise en cause plus large de la dépendance par rapport aux chaînes de valeur industrielles et technologiques dont des maillons importants sont établis en Chine. Le découplage ou son symétrique, le couplage, cessait d'être un concept utilisé par les spécialistes des rapports entre l'Europe et les États-Unis dans le domaine de la dissuasion nucléaire face à la Russie pour prendre un sens géoéconomique et géopolitique beaucoup plus large centré sur la Chine.

L'affaire passait aussi du registre des relations interétatiques pour embrasser les politiques d'investissement des grandes entreprises : dès lors que la Chine devenait maîtresse d'un jeu dont elle redéfinissait les règles, était-il bien prudent de localiser en Chine des éléments clés de la chaîne de valeur ?

Il est vrai que ce débat avait commencé avant la Covid, avec la dénonciation du pillage technologique chinois par Donald Trump mais aussi par l'Union européenne qui avait qualifié la Chine de « rival systémique » en 2019. La pandémie a conféré une acuité et une publicité nouvelles au sujet. Nous reviendrons dans les chapitres suivants sur ses implications stratégiques.

On notera à ce stade que le découplage joue dans les deux sens. Si les Occidentaux ont entamé non seulement un débat sur le découplage mais encore procédé à un début de mise en œuvre, il en va de même vu du côté chinois. Dès 2015, la Chine a lancé un programme baptisé « Made in China 2025 » visant à réduire fortement la dépendance technologique par rapport aux pays occidentaux. En 2020, le président Xi Jinping met en exergue une stratégie dite du « double circuit », distinguant entre la partie de l'économie ouverte aux vents du grand large et celle comptant essentiellement sur le marché intérieur. Il est vrai que la Chine importe de pays occidentaux ou alliés des États-Unis pour $300 milliards par an de semi-conducteurs avancés. C'est davantage que ses achats de pétrole dont la Chine est pourtant le premier importateur mondial, et l'équivalent de son budget militaire. Quelques années plus tôt la Chine avait inauguré une autre forme de découplage, sans employer le mot, à savoir la construction de ce qui peut être qualifié de « Grande Muraille cybernétique ». Les grands portails, plateformes et réseaux sociaux non chinois sont interdits de séjour en Chine : ni Google ni Facebook ou Twitter par exemple, alors que les grands opérateurs chinois partent du principe qu'ils pourraient eux travailler à leur guise hors de Chine, comme en témoignent, parmi d'autres, la commercialisation mondiale de WeChat (le WhatsApp chinois), la campagne pour imposer la 5G version Huawei ou la carrière fulgurante de TikTok.

La Chine, premier gisement mondial de *Big Data*, garde ses data pour elle, mais entend bien profiter de ceux du reste du monde, qui a laissé faire jusqu'à ces derniers temps.

La pandémie aura donné un coup de fouet tant à ces politiques chinoises qu'aux réactions qu'elles ont commencé à susciter en Occident. Loin d'être un sujet pour geeks, le domaine numérique et cybernétique est devenu une des clés des relations entre pays.

Le mouvement de découplage sera alimenté aussi par les initiatives occidentales. Il s'agit d'abord et de manière ostentatoire des sanctions américaines contre les transferts de certaines technologies critiques, nécessaires à l'activité de sociétés comme Huawei ou ZTE. Plus généralement, il y aura aussi l'effet des plans de modernisation américains et européens qui visent entre autres à renforcer l'innovation et la compétitivité technologique, donc à réduire la dépendance par rapport à la Chine, par exemple dans le domaine de l'économie verte : panneaux solaires, éoliennes, etc.

Il est important de garder à l'esprit que le découplage entre la Chine et l'Occident ne signifie pas forcément un repli sur soi. Des éléments de chaîne de valeur d'entreprises transnationales peuvent être localisés ailleurs qu'en Chine, comme le constatent aujourd'hui à leur avantage des pays comme le Vietnam ou les Philippines. L'existence de telles alternatives servira d'accélérateur au découplage. Néanmoins, la relocalisation d'entreprises jusqu'ici implantées en Chine risque de se payer par une réduction d'accès au gigantesque marché intérieur chinois. Autrement dit, le découplage sera partiel et graduel ; il concernera *a priori* surtout les investissements futurs qui se feront de moins en moins vers la Chine, davantage qu'il ne touchera les investissements déjà réalisés en Chine. Nonobstant ces limites, démondialisation et découplage sont bien à l'ordre du jour : attisés par la pandémie, ils se dérouleront sur une toile de fond plus conflictuelle.

La redécouverte – et le contournement – des frontières

Dès les premiers temps de la pandémie, le monde en général et l'Europe en particulier ont redécouvert les frontières, mettant par la même occasion en cause tant la mondialisation que les principes de libre circulation en Europe. Le passage des frontières se durcit à des degrés divers tout au long de la pandémie. Le cas d'Israël est illustratif, vu sa totale dépendance par rapport aux liaisons aériennes. Dès la fin janvier 2020, les passagers venant de Wuhan et de la province du Hubei ne sont pas autorisés à débarquer en Israël. Viennent ensuite l'interdiction des nombreux vols en provenance de Chine, puis le temps des quarantaines « dures » pour tous les passagers, israéliens ou étrangers, de tous les vols internationaux. Avec l'arrivée progressive des vaccins en décembre 2020 mais surtout avec le déferlement des nouveaux variants, le régime ne s'assouplit pas, au contraire. À la fin janvier 2021, tous les vols sont interdits alors que le pays subit son troisième confinement. Stratégie vaccinale massive, blocus contre l'arrivée des variants exotiques du virus et lutte contre la circulation du SARS-CoV-2 faisaient partie d'un tout allant crescendo, dans l'espoir de mettre en déroute la pandémie. C'est à partir de mars 2021 que les premières restrictions ont commencé à être levées. Des restrictions similaires avaient été mises en place, avec des variations, et avec un succès certain à Taïwan, en Australie, en Chine, en Nouvelle-Zélande, etc., du moins jusqu'à l'essor du variant Delta à partir du printemps 2021.

Certains comme l'Australie et la Chine vont, à certains stades de la pandémie, jusqu'à rendre quasi impossible le retour au pays de leurs propres ressortissants : des dizaines de milliers d'Australiens, des centaines de milliers de Chinois se trouvaient encore bloqués à l'étranger un an après le début de la Covid.

Ce cloisonnement du monde ne se limite pas au secteur aérien. En 2020, plus de deux cent mille (200 000) matelots de la marine marchande, souvent en provenance des Philippines ou du sous-continent indien, ont été contraints de vivre, ou de survivre, en mer bien au-delà de la fin de leur contrat. Les uns après les autres, les ports se sont fermés au débarquement des équipages. La même mésaventure est arrivée à certains navires de croisière qui ont parfois dû mettre les dépouilles des passagers morts de la Covid en chambre froide en attendant de pouvoir toucher terre…

Cependant, dans le domaine maritime comme dans l'aviation, c'est la circulation des hommes, vecteurs du virus, qui est entravée. Le fret aérien baisse en tonnage de 12 % en 2020 contre une baisse des deux tiers du nombre des passagers. Les frontières séparent les hommes bien plus que les marchandises.

Cette observation s'applique non seulement à l'échelle de la planète, mais aussi au niveau de chaque ménage : lorsque vous ne pouvez guère sortir de votre domicile ou de votre quartier pour faire vos achats, vous allez vous les faire livrer. Si l'on ne peut aller au restaurant, le restaurant vient à vous, d'où l'explosion de la vente en ligne à l'occasion de la pandémie.

L'Europe, ou plus exactement la zone Schengen, qui comprend les membres de l'Union européenne (moins l'Irlande, la Bulgarie, la Croatie et la Roumanie) plus la Suisse, la Norvège et l'Islande, a vécu dans le désordre et de façon massive le retour des frontières. Pourtant, les « quatre libertés » qui font partie des principes fondateurs européens prévoient la libre circulation des personnes, des biens, des services et des capitaux. Certes, les traités prévoient des dérogations à la libre circulation des personnes face à des événements posant des problèmes de sécurité majeurs : mais il s'agit là d'exceptions limitées dans le temps et dans l'espace, et surtout elles ne passaient pas par la fermeture totale des frontières. Pendant la pandémie, de façon passablement chaotique et parfois sans cadrage clair, les freins à la circulation des personnes ont été mis en place à l'intérieur de la zone Schengen. Test PCR obligatoires, quarantaines plus ou moins dures, voire fermetures complètes de frontières, se sont multipliés.

En soi, et la remarque vaut à l'échelle mondiale comme au niveau européen, toutes ces mesures ne sont pas dramatiques. Elles sont faciles à démonter lorsqu'elles ont cessé d'être utiles. Dans le cas de l'Europe, elles ont cependant deux conséquences négatives. D'une part, le désordre qui a présidé à leur mise en place et à leur gestion tout au long de la pandémie montre combien il est difficile pour les Européens de jouer collectif face à toute crise majeure dès lors que l'on sort des domaines commerciaux et financiers qui sont en partie du moins gérés ou cogérés par des institutions communes (Commission, Banque centrale). D'autre part, la mise en cause d'un des grands principes sur lesquels repose la construction européenne a créé un précédent de mauvais augure pour la suite. Cependant, avant de crier à la fin de l'Europe sans frontières, il faut aussi rappeler que ce sont également les barrières intraétatiques qui ont été mises en place, et parfois plus durement encore : le confinement domiciliaire, sans parler de l'interdiction des déplacements hors de son quartier/ville/région, a été légion…

Comme nous l'avons vu, la réinvention des frontières jointe aux conséquences de la coronarécession ont eu pour effet de réduire fortement les flux migratoires, qu'il s'agisse de chercheurs d'emploi ou de demandeurs d'asile. Cette réalité nouvelle ne sera vraisemblablement pas oubliée par les responsables politiques à l'écoute d'électorats plus ou moins hostiles à l'immigration.

Un autre phénomène en matière de mouvements de population, avec d'éventuels effets politiques, voire géopolitiques, a été le retour en masse dans leur pays d'origine des travailleurs des États orientaux de l'Union européenne, dont 700 000 en provenance de la région de Londres, avant que le Royaume-Uni ne s'affranchisse des règles européennes à la fin de 2020. En 2020, de l'ordre de 1,3 million de Roumains et 500 000 Bulgares, soit environ 7 % de la population de chacun des pays concernés, sont rentrés chez eux. S'il est difficile de démêler les facteurs en jeu – coronarécession, crainte de la Covid initialement plus forte en Europe de l'Ouest et du Sud, Brexit –, le fait est que, pour la première fois depuis la fin de la guerre froide, les pays d'Europe orientale ont cessé de se vider de leur population.

Enfin, et le phénomène est fort bien connu de chacun, la mise en place des confinements, quarantaines et autres frontières a vu l'explosion du télétravail. La lutte entre le distanciel et le présentiel, pour utiliser des néologismes que les correcteurs de grammaire des ordinateurs ont encore du mal à reconnaître, a eu un vainqueur. D'autres ont fort bien décrit les changements divers qui pourraient en naître dans la durée. On se bornera ici à observer que l'adoption rapide et généralisée du distanciel peut avoir deux conséquences géopolitiques. D'une part, parce que le distanciel offre de vraies commodités en termes d'organisation de rencontres, l'imposition de frontières physiques et administratives plus difficiles à franchir s'imposera plus facilement que naguère dans la gamme des mesures prises en cas de différends entre États ou pour bloquer des flux migratoires. D'autre part, dans les scénarios de cyberguerres futures, la perturbation ou la préservation des réseaux nécessaires au bon déroulement des réunions Zoom et autres Teams sera l'un des objectifs. Ce sera un enjeu supplémentaire dans les conflits cybernétiques.

Pandémie et démocratie

Dès les premières semaines de l'apparition du SARS-CoV-2, la couverture médiatique et politique soulignait que la lutte contre la Covid se jouait là. Elle était devenue une nouvelle facette de la lutte déjà engagée entre deux systèmes, l'autoritarisme et la démocratie, incarnés par les superpuissances chinoise et américaine : lutte idéologique et opposition géopolitique étaient présentes ensemble dès le départ. Au fil des semaines puis des mois, cette lecture des enjeux de la pandémie a été adoptée comme telle par les deux protagonistes, avec des récits pékinois et washingtoniens parfaitement symétriques dans la forme et opposés dans la substance. De plus, cette confrontation des narratifs s'est rapidement durcie au fil des mois. Quels que soient les mérites des positions en présence, le fait est que la pandémie a d'ores et déjà exacerbé la lutte entre les deux principaux pôles de puissance de la planète : la logique est celle de la Covid comme accélérateur de l'Histoire. Cette perception partagée d'une confrontation à la fois idéologique et stratégique à Pékin et à Washington suffit à en faire une réalité incontournable d'envergure planétaire, abordée dans le chapitre suivant.

Cependant, les rapports entre types de gouvernance et efficacité face à la pandémie ne se résument pas à la lutte entre les superpuissances, aussi importante soit-elle. Cela concerne chaque citoyen de chacun de nos pays. Aussi est-il nécessaire de dresser un bilan froid et raisonné de la performance comparée entre démocratie et autoritarisme face à la pandémie, tout en sachant que le plein impact de la Covid sur nos sociétés n'est pas encore connu. Par ailleurs, l'histoire d'autres crises profondes et brutales, comme la Grande Dépression des années 1930, nous enseigne qu'il faut aussi du temps pour que le choc initial se traduise par des transformations politiques. Plus de trois ans séparent le krach de Wall Street en octobre 1929 de la nouvelle réalité politique puis stratégique que constitue l'arrivée soudaine au pouvoir d'Hitler en Allemagne et de Roosevelt aux États-Unis. La création d'un empire national-socialiste d'une part et d'un New Deal démocratique de l'autre à partir de 1933 n'était pas strictement prévisible en octobre 1929, même si les conditions en amont qui les rendaient possibles pouvaient être décrites, telles les suites de la paix imparfaite de Versailles ou le capitalisme sauvage. La logique était celle d'une transformation. Il pourrait en aller de même pour les suites de la pandémie, dans un contexte marqué par le mauvais règlement de la grande crise financière de 2008-2009 ou la déstructuration sociétale provoquée par les réseaux sociaux.

En attendant, il est déjà possible d'établir un premier bilan de la pandémie en termes de gouvernance.

Tout d'abord, toutes les politiques de lutte contre la pandémie ont eu recours à des mesures restrictives, voire répressives, par rapport à celles prévalant en temps ordinaire. Confinements, quarantaines, frontières intra- et internationales, règles de protection, etc., ont existé avec des dosages divers partout, que les régimes politiques soient autoritaires ou démocratiques. L'Australie, avec ses interdictions de déplacement entre États, ses confinements interminables (plus de trois mois dans le Victoria), ses liaisons aériennes réduites à leur plus simple expression, ses quarantaines quasi carcérales, ne se distingue de la gestion chinoise qu'au niveau des détails. Le recours à de tels états d'exception n'est pas neutre : une fois les précédents posés, il peut être tentant de recommencer.

Reste que la différence est nette entre les autocraties, pour lesquelles l'ordinaire et l'extraordinaire se confondent, et les pays démocratiques, pour lesquels de telles mesures sont démocratiquement décidées et aisément réversibles : le parallèle ici est celui qui peut être fait avec les restrictions, parfois sévères, prises dans les démocraties en temps de guerre. La France de Clemenceau, le Royaume-Uni de Churchill ne cessent d'être des démocraties. Aussi est-il intéressant de s'arrêter sur le cas de pays qui étaient démocratiques avant la pandémie et dont les chefs ont profité de l'occasion pour instaurer un état d'exception à durée indéfinie. En Europe, tel est le cas de la Hongrie qui pourrait devenir la première « coronadictature ». L'état d'urgence illimité mis en place était justifié sans surprises par les exigences de la lutte contre la pandémie. Cela ne lui a pas porté bonheur : au 1er août 2021, la Hongrie avait souffert plus de 30 000 décès, soit plus de 3 100 pour 1 million d'habitants. Cela la met au premier rang des pays européens où le taux de mortalité de la pandémie a été officiellement le plus élevé.

De manière plus générale, la mesure de l'efficacité par rapport à la pandémie proprement dite doit prendre en compte trois étapes : la gestion de l'émergence du virus ; le nombre de morts causés par la pandémie ; la couverture vaccinale.

L'origine de la Covid se situe selon les alertes lancées par l'OMS en janvier 2020 dans la région de Wuhan : c'est là où le nouveau virus est détecté, séquencé puis nommé. Cela fut fait facilement car Wuhan est une des villes les mieux équipées du monde en laboratoires d'étude virologique, y compris au niveau le plus élevé de sensibilité, dit « P4 », dont il n'existe qu'un autre site en Chine. Il n'y avait peut-être pas sur la planète de lieu mieux doté pour rechercher et trouver l'origine précise et l'évolution génomique du virus de la Covid. Néanmoins, les autorités locales puis nationales chinoises ont manifesté une mauvaise volonté manifeste à faire remonter en temps et en heure les données correspondantes, entraînant un retard irrattrapable pendant les jours critiques où il était envisageable de bloquer la propagation du virus. Les lanceurs d'alerte locaux étaient punis. Cette réticence, pour employer un euphémisme, n'a cessé au fil du temps. Le modèle autoritaire fut « efficace » surtout dans le retard de la réaction.

Par ailleurs, les autorités de Pékin se sont opposées avec succès pendant un an à toute enquête internationale sur les conditions d'apparition du virus ; les pays qui demandaient trop fort une telle enquête, telle l'Australie, étaient sévèrement punis au plan commercial et diplomatique. Une mission de l'OMS finit par être admise à Wuhan en janvier 2021, mais un an, c'est très long dans la vie d'un virus. Les autorités de l'OMS, peu suspectes pourtant d'hostilité à l'encontre de Pékin, ont exprimé le peu de crédit qu'il fallait attacher au rapport inévitablement lacunaire produit à l'issue de ce simulacre d'enquête. En parallèle, toutes sortes de récits alternatifs étaient mis en ligne par les auxiliaires de Pékin sur le « fait » que le virus est italien ou américain, ou les deux, hypothèses qui auraient normalement dû inciter la Chine à ouvrir grand les portes à une enquête internationale, mais les autorités chinoises n'y croyaient pas elles-mêmes.

Si la Chine avait voulu donner l'impression qu'elle cachait l'équivalent biologique de l'accident de Tchernobyl, elle ne s'y serait pas prise autrement. Le monde a payé la pandémie trop cher pour que la Chine puisse faire oublier sa responsabilité dans la gestion calamiteuse des origines de la pandémie.

Dans de pareilles circonstances, une démocratie aurait-elle été plus ouverte ? La question est en l'occurrence purement hypothétique, mais en tout état de cause, la réponse ne peut être que oui. Dans un environnement informationnel plus libre comme celui qui prévaut dans les démocraties, la résistance à l'envoi précoce d'une commission d'enquête munie des pouvoirs nécessaires aurait été politiquement impossible.

Dans la durée, la Chine s'est montrée efficace dans la limitation du nombre des victimes en dehors de la province du Hubei, où le nombre de morts paraît avoir été fortement sous-évalué. Ailleurs, la Chine a agi vite et fort, limitant officiellement en dehors du Hubei le nombre de morts à moins de 1 000 sur un total de plus de 1,3 milliard d'habitants. Nous tenons ce chiffre pour vraisemblable comme ordre de grandeur, non parce que le gouvernement chinois est digne de confiance, mais parce qu'un certain nombre d'États de droit de la région ont réalisé des exploits du même ordre.

Cependant, parmi les pays ayant connu un faible taux de mortalité, soit moins de 200 pour 1 million, on compte des démocraties et pas des moindres, soit par ordre décroissant de population (au 1er août 2021) : Japon (121 décès pour

1 million), Corée du Sud (41), Australie (36), Taïwan (33), Nouvelle-Zélande (5), île Maurice (16), Islande (87).

Le cas de Taïwan est particulièrement éclairant. Cette île de 20 millions d'habitants est sinophone et est considérée par la Chine comme ayant vocation à être réunifiée au sein de la mère patrie. C'est aussi une démocratie parfaitement authentique.

De fait, la plupart des pays ayant réagi le plus vite et le plus efficacement à la Covid se distinguaient par des facteurs n'ayant pas grand-chose à voir avec la différence entre autocratie et démocratie. Taïwan, République démocratique, et le Vietnam communiste ont en commun l'attention de tous les instants que ces deux pays portent à la menace constituée par leur voisine chinoise : à Taipei et à Hanoï, les signaux initialement faibles en provenance de Wuhan ont été captés et compris plus vite qu'ailleurs. Au demeurant, c'est en vain que les autorités de Taïwan ont tenté d'alerter l'Organisation mondiale de la santé, mais sous la pression de Pékin, l'OMS refusait toute interaction avec Taïwan, fût-ce pour contrer l'émergence d'un virus aux potentialités mortifères… Un an après le début « officiel » de la pandémie, Taïwan avait eu seulement 10 morts de la Covid, et le Vietnam, avec ses 98 millions d'habitants, 35 décès. Le fait d'avoir senti le vent du boulet d'épidémies récentes de coronavirus, notamment le SRAS en 2003 ou le MERS en 2012, a ainsi contribué à l'efficacité de la riposte en Asie orientale, avec notamment Singapour (30 décès de la Covid en l'espace d'un an) et la Corée du Sud (1 726 morts pour 52 millions d'habitants).

Le fait d'être une île ou de n'avoir que peu de voisins limitrophes était *a priori* un avantage, mais ce n'était pas le cas du Vietnam, et ce n'était pas une garantie : la Grande-Bretagne insulaire a eu plus de morts que la France ou l'Allemagne entourées de nombreux voisins.

Tout ce qui précède n'empêche pas Pékin d'attribuer à sa gouvernance autocratique son succès, en la contrastant, non sans quelques raisons, avec les contre-performances américaines et européennes. Cela dit, la maîtrise de la circulation du virus et la reprise impressionnante de l'économie chinoise ne signifient pas que la situation soit revenue à l'avant-pandémie : les vols internationaux sont restés pour l'essentiel à l'arrêt avec moins de 1 % du trafic d'avant la pandémie à la fin 2021, et les déplacements intérieurs restent limités. Il en sera ainsi tant que la population chinoise n'aura pas été vaccinée avec des vaccins efficaces contre le variant Delta. En attendant, la Chine force le trait parce qu'il faut faire oublier le péché originel de Wuhan. Cette insistance et ce déni conjugués durcissent la compétition idéologique et stratégique que la Chine entend mener et gagner.

Dans le domaine vaccinal, la corrélation entre démocratie et autocratie est largement absente, qu'il s'agisse de la conception, de la production ou de la distribution des vaccins. L'Amérique, la Russie, le consortium anglo-suédois AstraZeneca et la Chine ont su concevoir et mettre sur le marché en un temps record des vaccins. Au niveau des campagnes de vaccination, le pays le plus rapide a été la petite démocratie israélienne, suivie par l'autocratie golfiote des Émirats arabes unis ; le Royaume-Uni et les États-Unis ont également brillé. L'Union européenne a fait partie du gros du peloton, cependant que la Chine, l'Inde, le Brésil et la Russie ont longtemps été à la traîne. L'Afrique, sans surprises, a été en lanterne rouge.

Cette situation fait que la géopolitique des vaccins ressemble davantage à une classique opposition de puissance qu'à une facette de la lutte idéologique entre démocraties et autocraties.

Ainsi la Russie inscrit son Spoutnik V dans un récit national du « retour de la Russie » comme puissance mondiale davantage que comme une preuve de la décadence des démocraties. Cela n'empêche cependant pas la Chine d'intégrer aussi sa politique vaccinale dans son grand récit antidémocratique et antioccidental. Il y a à cela des raisons fortes tant de politique intérieure que de relations internationales. Comme nous venons de le voir, la situation vaccinale de la Russie et de la Chine ne justifie en rien ces narratifs.

La pandémie laisse dans son sillage un monde plus divisé et polarisé, dans lequel les facteurs de désordre et les égoïsmes se sont trop souvent donné libre cours, offrant un champ libre aux instincts de conservation et aux appétits de prédation. Dans l'immédiat, elle a exacerbé la confrontation entre les deux superpuissances et les modèles de gouvernance et les valeurs idéologiques que chacune incarne. À plus long terme, elle transforme à des degrés divers la vie politique et sociale dans chaque pays, processus qui historiquement s'accompagne inévitablement de violence et de conflits. Nous verrons au chapitre V que cela vaut aussi pour la France et pour l'Europe en général.

CHAPITRE II

Chine – États-Unis : les superpuissances et la guerre

À la veille de la pandémie, la Chine avait accédé à ses yeux comme à ceux du monde au statut de superpuissance, ce processus se déroulant dans la foulée de la grande crise financière de 2008-2009 à l'issue de laquelle elle était devenue la deuxième économie mondiale. À l'orée de 2020, elle n'était pas, ou pas encore, l'égale des États-Unis sur l'ensemble des registres qui déterminent la puissance des États, mais elle jouait dans la même cour. L'Amérique de Trump était quant à elle plus qu'approximative en ce qui concernait le fonctionnement de ses institutions et les relations qu'elle entretenait tant avec ses alliés qu'avec ses autres partenaires ou antagonistes. Elle ne cessait pas pour autant de se vivre et d'être vue comme une superpuissance, même si s'était refermée depuis plus d'une décennie la brève parenthèse de l'hyperpuissance, de la fin de la guerre froide jusqu'aux lendemains de la calamiteuse invasion de l'Irak de Saddam Hussein.

Depuis lors, les sujets que décrit ce tableau n'ont pas été transformés : mais quelle accentuation des contrastes et quels changements de ton !

La Chine n'a pas changé de gouvernance, mais le pouvoir du Parti communiste chinois, qui n'avait cessé de s'alourdir depuis l'arrivée au pouvoir de Xi Jinping en 2012, étouffe désormais tout ce qui peut ressembler en termes politiques à une société civile. À l'affirmation progressivement plus insistante de ses vues à l'encontre du monde extérieur, et notamment vis-à-vis des démocraties censément décadentes, a succédé l'arrogance sans fard de l'antidiplomatie des « loups combattants », pour reprendre un qualificatif que les autorités chinoises considèrent comme élogieux. Frappée la première par la Covid, la Chine a su maîtriser la pandémie et revenir la première à une activité économique et une vie sociale comparables à celles du « monde d'avant », cet exploit étant revendiqué par un PCC dont la légitimité en Chine et l'exemplarité hors de Chine sortent renforcées. Le spectre d'un remake chinois de l'Allemagne de Guillaume II hante désormais les chancelleries.

Les États-Unis ont réalisé un exploit d'un autre genre, celui d'avoir su préserver contre vents et marées le fonctionnement de leurs institutions malgré les meilleurs efforts de Donald Trump et de ses auxiliaires. Ce n'était pas écrit d'avance et il a fallu la pandémie, sévère et mal gérée, pour sceller l'étroite défaite du président Trump. Avec l'arrivée aux affaires d'un Président « normal », quoiqu'anormalement âgé, l'Amérique peut espérer rétablir des relations apaisées avec ses alliés asiatiques et européens, et professionnelles avec le monde extérieur de manière générale. Il reste que l'électorat américain demeure profondément divisé et que la possibilité de nouvelles surprises politiques dès les élections législatives de 2022 ou lors des présidentielles de 2024 colorera la manière dont les puissances étrangères se positionneront vis-à-vis de Washington.

La pandémie aura par ailleurs permis de rappeler que la capacité de mobilisation américaine demeure non seulement intacte, mais inégalée, comme en témoigne l'arrivée précoce et en quantités massives de vaccins tout en passant les contrôles de qualité des instances de régulation les plus exigeants. Ce sont $21 milliards qui ont été consacrés à l'opération « Warp Speed » (« vitesse de l'éclair ») gérée suivant les mêmes méthodes que le programme atomique Manhattan pendant la dernière guerre mondiale. C'est d'ailleurs la législation militaire du *Defense Production Act* adopté en pleine guerre de Corée qui a été invoquée pour faire sauter les goulots d'étranglement administratifs et court-circuiter la loi du marché. Au passage, les États-Unis ont su mettre de côté la loi du marché et les lois sur la concurrence de manière nettement plus radicale que l'Europe sociale-libérale.

Au plan économique, l'*American Recovery Plan*, le plan de relance promu par Joe Biden et adopté par le Congrès en mars 2021, est sans équivalent historique, et c'est lui, avec ses $1 900 milliards, qui détermine dorénavant le sort économique de la planète et le rôle éminent que Washington entend y jouer après les années Trump.

L'étape suivante est le projet du Président américain d'un plan de modernisation de plus de $2 200 milliards, destinés à remettre à hauteur les infrastructures publiques américaines dont le vieillissement est devenu un frein majeur à la compétitivité économique du pays. Un doublement du financement public de la recherche y figurera également, effort voisin dans ses tenants et aboutissants à celui qui avait été mis en œuvre après le lancement du premier Spoutnik par l'URSS en 1957. Cette fois-ci, il s'agit de reprendre l'initiative à la Chine.

La superpuissance américaine a de beaux restes, et pas seulement dans le domaine militaire.

Les deux superpuissances adoptent désormais le même positionnement confrontationnel. Celui-ci sera fait au mieux de rivalité tant idéologique qu'économique et stratégique susceptible d'être gérée comme le « partenariat antagoniste » (*adversarial partnership*), formule inventée par le jeune Kissinger pour décrire les relations américano-soviétiques. Au pire, la confrontation exclura toute stabilisation des relations dans la durée et pourrait déboucher sur la guerre, directe ou indirecte, massive ou limitée. Tout cela est aussi peu rassurant que la guerre de Corée, la crise des fusées de Cuba ou le Mur de Berlin, en espérant qu'il ne nous renvoie pas au monde tel qu'il pouvait se présenter à la veille d'août 1914.

Le tableau postpandémique est noir, mais les nuances de ce noir sont aussi multiples que celles d'un tableau de Soulages… Reste à savoir quelle nuance de noir dominera.

Empire du Milieu et l'empire de la Mer

Sur une carte, la Chine et les États-Unis se ressemblent par la superficie : deux pays-continents de l'ordre de 9 millions de kilomètres carrés chacun (Chine, 9,597 millions de kilomètres carrés ; États-Unis, 9,985 millions de kilomètres carrés avec l'Alaska, 8,267 millions sans cet État peu peuplé, avec plus de la moitié de leur population concentrée le long de leurs côtes). Là s'arrêtent les similitudes notables. La Chine, avec 1,4 milliard d'habitants, est plus de quatre fois plus peuplée que l'Amérique (333 millions). Contrairement à la Chine, les États-Unis ont de l'espace à revendre tant pour leur développement urbain qu'en termes agricoles et possèdent des ressources hydrauliques généreuses même si certaines régions (Californie du Sud, bassin du Colorado…) connaissent des stress hydriques sérieux. Les ressources en énergies fossiles ou renouvelables de l'Amérique sont suffisantes pour assurer actuellement son indépendance énergétique, ce qui est loin d'être le cas de la Chine, qui dispose pour sa part de gisements minéraux exceptionnels, notamment en « terres rares », si importantes pour la production d'éoliennes ou de voitures électriques. La densité de population de la Chine et le rythme de croissance frénétique de son économie à partir des années 1980 rendent ce pays exceptionnellement vulnérable aux ravages environnementaux et aux effets du changement climatique. La population chinoise est vieillissante, avec un choc démographique majeur qui se dessine autour de 2030, avec un risque que la Chine devienne vieille avant d'être riche.

L'Amérique des cinquante États n'a pour voisins terrestres que le paisible Canada, dix fois moins peuplé, au nord, et un Mexique qui peine encore à rejoindre les rangs des pays riches et ne saurait être en soi une menace militaire au sud. Ses immenses ouvertures sur le Pacifique et l'Atlantique la placent au centre d'un système mondial qui lui est aisément accessible tout en lui conférant une profondeur stratégique exceptionnelle : l'océan Pacifique couvre le tiers de l'ensemble de la planète. Seule la mer des Caraïbes, avec sa multitude d'îles et de pays riverains vulnérables, a pu poser un problème stratégique, avec notamment les entreprises soviétiques hasardeuses à Cuba et au Nicaragua, mais celles-ci furent autant d'impasses stratégiques. La réaction par rapport à de telles incursions a été d'autant plus vive que les Américains considèrent leur pré carré comme étant intangible.

L'Amérique, c'est à la fois une terre d'abondance loin des appétits de voisins menaçants et un empire maritime. Pour Washington, le premier et le plus constant des intérêts vitaux, et cela dès l'indépendance des treize colonies, c'est la liberté de navigation, assurée, le cas échéant, par la maîtrise des mers. Les puissances qui ignorent ce principe en ont payé le prix, comme l'Empire britannique pendant la guerre de 1812, l'Empire allemand avec la guerre sous-marine à outrance en 1917 et l'Empire japonais à Pearl Harbor en 1941. Ce principe et cette histoire se heurtent désormais à la prétention chinoise à considérer la mer de Chine du Sud comme un lac lui appartenant en pleine propriété. Ce « lac » est grand comme la Méditerranée et la moitié des échanges maritimes internationaux transitent par ses flots.

La Chine est, avec la Russie, le pays qui compte le plus de voisins terrestres au monde (Afghanistan, Pakistan, Inde, Népal, Bhoutan, Birmanie, Laos, Vietnam, Corée du Nord, Russie, Mongolie, Kazakhstan, Kirghizistan, Tadjikistan), sans compter ceux avec lesquels elle est riveraine en termes de zone économique exclusive (Japon, Taïwan, Philippines, Brunei, Malaisie, Indonésie). Elle a des contentieux territoriaux parfois vifs avec huit de ces pays, notamment l'immense Inde, l'allié des États-Unis qu'est le Japon et l'ensemble des États riverains de la mer de Chine du Sud… S'y ajoute le statut incertain de Taïwan.

Historiquement, ce voisinage a certes pu contribuer à la prospérité de l'empire du Milieu mais il a été davantage encore source d'invasions répétées au cours des millénaires, jusqu'en plein XXe siècle avec la guerre sino-japonaise et sa douzaine de millions de morts. La Chine sait qu'elle est vulnérable.

Sa relation à la mer est différente de celle des États-Unis : selon la Chine, ce qui est près d'elle lui appartient par définition, d'où ses revendications sur les eaux et les atolls et récifs de la mer de Chine du Sud et sur les îles Senkaku/Diaoyu en mer de Chine de l'Est. Son accès à l'océan Pacifique est barré au plan stratégique par ce que les stratèges chinois appellent la première chaîne d'îles qui s'étend de l'archipel japonais jusqu'aux Philippines. Derrière encore se dessine la deuxième chaîne, du sud-est de l'archipel nippon jusqu'à la Nouvelle-Guinée, en passant par les îles de Palau, de la Micronésie et surtout Guam. Actuellement, ces deux « chaînes » sont contrôlées par la puissance militaire américaine. Aussi la Chine se dote-t-elle d'une marine comparable à l'US Navy en nombre et tonnage de navires, et elle dispose *ipso facto* d'une capacité de projection maritime à l'échelle mondiale. Cependant, c'est la capacité à contrer la marine américaine dans le Pacifique qui est le premier de ses soucis stratégiques.

La Chine est un pays vulnérable, à la population vieillissante, aux côtes surpeuplées, livrées aux ravages du changement climatique, stratégiquement à la fois enserrée et exposée. Mais elle est animée aussi par le puissant sentiment de fierté d'incarner une civilisation plurimillénaire et d'avoir été jusqu'à l'orée du XIXe siècle le pays le plus peuplé avec l'économie la plus importante de la planète. Ce mélange-là est assurément volatil : l'analogie a été faite plus haut avec l'Allemagne de Guillaume II ; c'est aussi le Japon impérial des années 1930 qui vient à l'esprit ; dans les deux cas, cela ne s'est pas très bien passé.

Toute politique étrangère est locale

La politique étrangère d'un pays peut se vouloir idéaliste, à la manière des amis vénézuéliens de Mélenchon, des néoconservateurs américains naguère, ou des révolutionnaires maoïstes avant eux. Elle peut se vouloir froidement réaliste, à l'instar d'un Bismarck ou d'un Kissinger. Elle peut viser le maintien à tout prix du *statu quo*, tels l'Inde ou le Japon, ou mettre en cause l'ordre préexistant, comme le fait la Russie de Poutine que ne satisfait pas le système européen de l'après-guerre froide, ou d'une autre façon le Royaume-Uni du Brexit. Dans tous les cas cependant, les relations internationales de chaque État sont contraintes par les données de politique intérieure, que celles-ci soient le produit de processus démocratiques, comme le Brexit britannique ou le « *Make America Great Again!* » de Donald Trump, ou le fruit d'autres logiques : autoritarisme poutinien ou léninisme chinois.

Cela vaut donc à Washington comme à Pékin.

Dans le cas américain, la profonde division politique du pays au moins depuis l'élection contestée de George W. Bush en novembre 2000 aurait pu déboucher sur une politique extérieure en retrait par rapport à celle de ses prédécesseurs, fortement engagés dans le remodelage géostratégique de l'Europe après la chute du Mur de Berlin ou dans des guerres redessinant militairement la carte du Moyen-Orient (guerre du Golfe de 1990-1991) ou des Balkans (Bosnie, Kosovo…). C'est d'ailleurs sur cette ligne d'un relatif effacement que s'était battu en 2000 George W. Bush dans sa campagne contre le libéral Al Gore, le vice-président de Bill Clinton. Jusqu'aux attaques du 11 septembre 2001, c'est à ce positionnement que se tiendra le nouveau Président. Avec les attentats d'Al-Qaida au cœur de l'Empire américain, une tout autre séquence s'est ouverte, débouchant sur les *forever wars*, les guerres sans fin d'Afghanistan et d'Irak. L'opinion publique voulait que l'Amérique se venge et peu lui importait le choix des théâtres d'opérations, laissant aux idéologues dits « néoconservateurs », qui étaient tout sauf conservateurs, le champ libre à leurs fantasmes de transformation du Moyen-Orient.

Cette parenthèse prend fin avec la grande crise financière de 2008-2009, avec l'élection de Barack Obama, lui aussi élu sur une plateforme de retrait d'Irak et d'Afghanistan et plus largement ce qu'il appellera par la suite la « prudence stratégique ». L'opinion, aux prises avec les conséquences économiques et sociales de la crise, ne voulait pas de nouvelles aventures. De fait, Obama n'ouvrira pas de nouveaux fronts, autres que rhétoriques, même s'il aura d'autant plus de mal à se retirer du guêpier moyen-oriental que les islamistes de Daech rappelleront aux Américains qu'il est souvent plus facile d'entrer dans un théâtre d'opérations que de le quitter. Lorsque Donald Trump se présente en 2016, il s'inscrit dans la logique de son prédécesseur qu'il honnit par ailleurs. Les slogans « *America First!* », affectionnés par les isolationnistes des années 1930, et surtout l'omniprésent « *Make America Great Again!* » sont assénés avec d'autant plus de vigueur qu'il s'agit de marquer la priorité absolue des affaires intérieures américaines. Comme Obama, Trump évite d'investir de nouveaux théâtres d'opérations militaires. Au-delà de l'incompétence fantasque et périlleuse du « Donald », c'est la continuité qui, à la surprise de beaucoup, aura marqué les années Trump par rapport aux deux mandatures d'Obama : même tendance à sous-traiter aux Européens les problèmes stratégiques de leur région, notamment la crise ukrainienne ; même décision de ne pas croiser le fer avec l'Iran, un égal refus d'exercer le leadership américain au Levant et en Méditerranée orientale ; décalage similaire entre les mots concernant la Chine et les limites réelles de l'engagement à son encontre. Certes, les déclinaisons spécifiques de ces choix ont été fortement contrastées entre le prudent Obama et le capricieux Trump, et il est vrai qu'en politique étrangère, le style compte autant que le fond.

Biden s'inscrit dans cette logique de retrait, avec sa déclaration d'intention qu'il mettra, lui aussi, fin aux *forever wars*, annonçant qu'à la date symbolique du 11 septembre 2021, le dernier GI aura quitté le territoire de l'Afghanistan. Comme pour Trump et Obama avant lui, cela ne signifie au demeurant pas qu'il y parviendra autant qu'il l'aurait voulu, d'autant que la composition de son équipe de sécurité nationale donne à penser qu'il ne s'interdit pas une politique extérieure plus hardie et, le cas échéant, plus militairement vigoureuse que la leur.

Avec la Covid qui creuse les inégalités en termes de vie et de mort, il est permis de penser que l'opinion américaine préférerait que l'administration Biden se concentre sur les problèmes de la société américaine, et que sa politique extérieure soit voisine de celle du prudent Obama. Ce n'est pourtant pas le scénario le plus probable. Les divisions de la société américaine empêcheront pendant le mandat de Biden l'émergence d'un bloc hégémonique comme avait pu l'être le New Deal de Roosevelt face à un Parti républicain réduit à la portion congrue pendant son premier mandat. Fort rares sont les sujets susceptibles d'unir les Américains, notamment en ce qui concerne les choix de société. Le trumpisme conserve son emprise sur un Parti républicain qui est à égalité avec les démocrates au Sénat et n'a que onze sièges de décalage par rapport à eux à la Chambre des représentants : cet avantage précaire du Parti démocrate sera mis en balance dès les élections de mi-mandat en novembre 2022.

Nonobstant ces incertitudes, il y a un domaine majeur pour lequel un consensus existe, et cela puissamment car il touche aussi à la politique intérieure, c'est la relation avec la Chine. Obama avait préparé le terrain au plan sémantique en 2011 en annonçant le « pivot vers l'Asie » de la stratégie américaine. Trump, à sa façon inimitable, avait enfoncé le clou en lançant la guerre commerciale et technologique à l'encontre de la Chine en 2018 tout en trouvant le moyen de couvrir le président Xi d'éloges lorsque celui-ci livrait les Ouïghours à leur triste sort. Il s'agissait moins d'une politique construite que d'une suite de postures dont la ligne de résultat a été une dégradation notable des relations entre Washington et Pékin. Malgré une mise en œuvre saccadée, voire incohérente, le legs de l'administration Trump en ce qui concerne la Chine est substantiel : désormais, il n'y a plus aucune fraction notable de la société américaine qui souhaite une politique d'apaisement avec la Chine, même du côté des milieux d'affaires qui ont cru au pactole du marché chinois mais qui ont surtout l'impression de s'être fait dépouiller de leurs pépites technologiques. Le réalisme kissingerien vis-à-vis de la Chine est passé de mode, y compris, semble-t-il, aux yeux d'Henry Kissinger lui-même.

Avec Biden et ses collaborateurs à la fois experts des affaires chinoises et durs à l'encontre de la Chine, la synthèse est prête : défense de l'économie américaine contre la prédation chinoise, découplage et reconquête technologiques, renforcement des liens d'alliance avec les pays asiatiques aux portes de la Chine, mobilisation internationale de l'idéal démocratique face au projet autoritaire chinois (et russe)… Stratèges, milieux d'affaires,

« droits-de-l'hommiste », libéraux, conservateurs : tout le monde est servi d'autant que l'esprit de système et la compétence seront au rendez-vous. De fait, l'opinion publique n'est pas un frein. La solidité de ce consensus bipartisan a été démontrée en juin 2021 lorsque l'administration Biden a obtenu les voix de 68 sénateurs sur 100 pour investir $200 milliards face à la recherche et à la technologie chinoises.

La Covid a permis par ailleurs aux Américains de constater que leur capacité de mobilisation économique et technologique demeure exceptionnelle. Malgré une gestion dysfonctionnelle de la pandémie sous Trump par une administration fédérale incohérente et des États tirant à hue et à dia, les premiers vaccins massivement disponibles ont été américains et les efforts budgétaires pour relancer l'économie et pallier les dommages sociaux ont été sans égal. Au-delà des différences de style et d'accent, pour Biden comme pour Trump, la lutte contre la Covid ne doit gêner en rien la conduite de sa politique envers la Chine, tout au contraire…

Les données de politique intérieure sont d'une autre nature en Chine. D'une part, la Chine, contrairement à la plupart des autres acteurs du système international, est hantée par la crainte de voir remettre en cause son unité en tant qu'État-nation. Les Chinois, officiels ou non, affichent volontiers et non sans raison le caractère plurimillénaire de leur civilisation : même l'Égypte ou l'Irak ne peuvent y prétendre au même degré puisqu'il ne reste aucune continuité linguistique et civilisationnelle avec l'époque des Pharaons ou des Sumériens. Ce récit chinois s'accompagne aussi et de façon moins convaincante d'un narratif sur l'unité politique de la Chine, renvoyant par exemple à l'empire des Hans d'il y a deux millénaires. En fait, les responsables politiques chinois savent fort bien que l'unité politique a été aussi souvent absente que présente au fil des millénaires, et cela jusqu'au XXe siècle. Entre 1931 et 1945, la Chine était écartelée entre l'envahisseur japonais, les colonisateurs européens, le gouvernement de Tchang Kaï-chek à Chongqing, le Mandchoukouo de l'empereur Puyi sous tutelle nippone, le gouvernement de Wang Jingwei à Nankin (qui était aux occupants japonais ce que Laval a été pour les nazis), la base communiste de Mao à Yenan, le Xinjiang autonome sous influence soviétique, Taïwan annexé par le Japon et un Tibet livré à lui-même. Il n'est pas surprenant dans ces conditions que la première tâche de la politique de sécurité et de défense telle qu'elle est exprimée dans les documents publics du gouvernement chinois soit de lutter contre le séparatisme et de préserver l'unité de la patrie. La Chine ne s'interdit rien en la matière en termes de recours à la force, et l'opinion des dirigeants et de la population semble aujourd'hui au diapason, du moins en ce qui concerne la majorité Han en Chine continentale, c'est-à-dire la population qui partage la même écriture et le même fonds culturel. Les Tibétains, Taïwanais, Ouïghours et autres Mongols ne partagent pas forcément cette opinion. Il est vrai que Pékin ne la leur demande d'autant moins que les responsables politiques au pouvoir ne conçoivent pas que la Chine puisse être une fédération multinationale, les Hans représentant plus de 90 % de la population.

Cet impératif qu'est pour la Chine l'unité et cette priorité qu'est la lutte contre le séparatisme n'ont pas, ou plus, leur équivalent du côté américain : si la guerre de Sécession a laissé de profondes plaies en termes de relations raciales, le séparatisme n'est plus un sujet. Il y a là une asymétrie qui pourrait s'avérer belligène.

D'autre part, la Chine est gouvernée par un Parti communiste dont la légitimité procède de deux racines de natures différentes, mais dont aucune n'est d'essence démocratique. La première, mais aussi la plus récente, naît du succès économique et social : en l'espace de quarante ans, le niveau de vie moyen en Chine a été multiplié par vingt. Dans le même temps, et au risque de surprendre, la liberté individuelle y est plus grande qu'elle ne l'était il y a un demi-siècle, au sortir de la « Révolution culturelle » : la vie culturelle ne se résume pas à une dizaine de films ou de pièces autorisés ; il existe un marché de l'emploi à la place de l'affectation autoritaire des actifs ; la fermeture des lycées et des universités et leur remplacement par l'exil des « intellectuels » au fond des campagnes sont devenus impensables ; le Laogaï, version chinoise du Goulag, était plus rude que la cyberdictature. Ces mauvais souvenirs s'éloignent dans le temps, mais même les plus jeunes ont pu en entendre le récit *via* les grands-parents. La Chine n'est certes pas la Norvège, mais à l'heure actuelle, elle n'est plus l'équivalent de la Corée du Nord, du moins si l'on n'est ni tibétain ni ouïghour – et à la condition expresse qui vaut pour tous de ne pas se mêler de politique…

Le souvenir de l'époque pas si lointaine de la Révolution culturelle ou de la Bande des Quatre finira certes par s'estomper et les attentes des Chinois se satisferont de moins en moins de regarder dans le rétroviseur. Face à des générations montantes qui s'attendent à ce que l'ascenseur social continue de s'élever sans interruption, les autorités chinoises veillent sur le taux de croissance comme le lait sur le feu alors même que le vieillissement de la population rendra l'exercice aussi difficile qu'il ne le fut en Europe après les Trente Glorieuses. Quant aux libertés, l'équilibre risque d'être difficile à maintenir entre les horizons ludiques et culturels ouverts par le développement des réseaux sociaux et l'interdiction croissante depuis plusieurs années de toute expression politique autonome.

La légitimité historique du parti découle du rôle qu'il revendique dans la restauration de l'unité de la Chine contre les impérialismes extérieurs et le retour du pays à la puissance. Au cours des dernières années, ce récit a d'ailleurs été prudemment élargi au-delà des confins du seul parti, afin de mieux partager le caractère « panchinois » et spécialement Han de ces acquis. Le parti joue le rôle dirigeant, mais la patrie tout entière est impliquée. De ce registre patriotique au nationalisme exacerbé, le pas est aisément franchi. Le choix du chauvinisme est disponible et tentant qu'il s'agisse de mobiliser dans les temps difficiles ou pour s'affirmer quand les moyens de la superpuissance sont désormais à portée de main. La Covid, ou plus exactement le récit qu'en fait le parti, représente tout cela à la fois.

La Covid a permis au gouvernement de Pékin d'accroître sa légitimité de performance, en stoppant la propagation de la pandémie hors du Hubei et en rétablissant la croissance économique. Par la même occasion, en présentant la lutte contre la Covid comme une guerre victorieuse, il s'est inscrit dans le récit historique du parti. Cependant, ce résultat a été obtenu en alourdissant la censure, pour faire oublier les défaillances qui ont permis à ce « Tchernobyl biologique » d'éclater au cœur de la Chine, conduisant à une hystérisation du discours nationaliste à la fois en Chine même et à l'encontre des démocraties.

Le 21 juillet 2021, qui marque le 100e anniversaire de la fondation du Parti communiste chinois dans la concession française de Shanghai, donne l'occasion au régime de célébrer son triomphe.

Xi Jinping aime les dates symboliques, tel l'anniversaire de la Chine populaire le 1er octobre : les 70 ans donnèrent lieu à un défilé militaire et populaire, digne des rassemblements de l'ère maoïste de par son nombre, et rivalisant avec les déploiements militaires sur la place Rouge du temps de l'URSS. Le centenaire du 1er octobre 1949 a déjà été convoqué pour sceller le parachèvement de la Chine populaire comme « un pays socialiste moderne, fort, démocratique, culturellement avancé et harmonieux ». Xi Jinping a cependant créé de toutes pièces une autre date symbole, citant 2035 comme l'année marquant le dépassement de l'économie américaine. Ce choix d'une date artificielle tend à indiquer que le leader chinois entend être au pouvoir à ce moment-là : il aura alors 82 ans. Mao Zedong, le seul de ses prédécesseurs auquel Xi Jinping accepte d'être comparé, avait 83 ans à sa mort en 1976.

Confrontation des valeurs et des intérêts

Reste à savoir quelles seront les ambitions des deux superpuissances qui se perçoivent de plus en plus comme vouées à la confrontation.

Du côté américain, le socle des ambitions demeure celui du projet des fondateurs des États-Unis il y a près de deux siècles et demi : l'Amérique est un pays exceptionnel, « la cité qui brille en haut de la colline », à nul autre pareil dont il convient d'assurer le lustre et la sécurité. Cela ne préjuge pas du contenu de sa politique extérieure, qui a oscillé au fil du temps entre un isolationnisme garant de pureté et un messianisme exemplaire et extraverti, chacun de ces pôles étant lui-même sujet à variations : s'agissant du second, ce sera la tension entre l'unilatéralisme dit « jacksonien », du nom du septième Président américain, et le multilatéralisme wilsonien. Dans tous les cas cependant, le style est toujours celui d'un pays qui « se dresse plus haut et qui voit plus loin que d'autres », pour citer une formule de Madeleine Albright, secrétaire d'État du président Clinton.

Aujourd'hui, cela se traduit d'abord par une posture stratégique non d'expansion ou de repli, mais de rétablissement du *statu quo ante* en ce qui concerne le système d'alliances américain en Asie, mis à mal par l'unilatéralisme de Donald Trump. Ce projet ne vise donc pas à une transformation stratégique et n'est pas *a priori* perçu par ses tenants comme déstabilisant. Cela ne sera pas la perception qu'en aura la Chine qui depuis la fin de la guerre froide n'a jamais considéré le système d'alliances américain en Asie-Pacifique comme légitime. De là naîtront de sérieux malentendus, notamment s'agissant du sort de Taïwan, dont la sécurité est jusqu'à présent considérée par Washington comme relevant de sa responsabilité.

Ensuite, et de manière plus ostensiblement dynamique, l'Amérique de Biden entend organiser politiquement et stratégiquement le système international, et plus spécialement l'immense aire Indo-Pacifique, autour de la défense et l'illustration de la démocratie. Cette vision n'était pas celle de Trump ni même d'Obama, mais ses soubassements institutionnels ont commencé à être mis en place avant même que ne naisse officiellement ce concept renouvelé d'une géopolitique de la démocratie. En 2018, les États-Unis élargissent la sphère de compétence de leur commandement militaire pour le Pacifique (Pacom, *Pacific Command*) à la plus grande partie de l'océan Indien. L'aire Indo-Pacifique, couvrant la moitié de la planète, est ainsi devenue le pivot du système de défense américain. D'autres pays, notamment l'Australie mais aussi la France, présente dans les deux océans à travers ses collectivités d'outre-mer et leurs immenses zones économiques maritimes, avaient adopté puis promu ce concept avant que les Américains ne le fassent leur. En 2020, l'Allemagne, pourtant peu portée jusqu'alors à se présenter dans la région autrement qu'en acteur économique et diplomatique, s'y rallie à son tour. En 2021, l'Union européenne tout entière entreprend d'élaborer une « stratégie Indo-Pacifique ». Enfin, le Royaume-Uni s'y est mis. Il est vrai que ce dernier « faisait » déjà de l'Indo-Pacifique comme Monsieur Jourdain faisait de la prose.

Sans surprises donc, des réseaux géopolitiques nouveaux se sont progressivement mis en place, à côté des alliances américaines traditionnelles avec la Corée du Sud, le Japon, l'Australie, la Nouvelle-Zélande et, d'une manière *ad hoc*, Taïwan. Les États-Unis, le Japon, l'Inde et l'Australie ont formé ce qu'il est coutume d'appeler le « Asian Quad ». Ainsi est reprise la formule pratiquée en Europe pendant la guerre froide avec le « European Quad » (Amérique, Allemagne fédérale, France, Royaume-Uni), notamment pour traiter des problèmes liés à Berlin. En parallèle, les dialogues stratégiques bilatéraux entre la France et des pays comme l'Inde, la Corée du Sud, l'Australie et le Japon se sont étendus et étoffés, le même processus se passant entre les Britanniques et leurs partenaires de l'Indo-Pacifique, et l'Allemagne s'y est mise à son tour en commençant par le Japon. Le format le plus courant est dit « 2 + 2 », à savoir les ministres de la Défense et des Affaires étrangères des pays concernés, ce qui en dit long sur le fait qu'il ne s'agit pas de diplomatie au sens étroit du terme mais bien de stratégie et de problèmes militaires.

En même temps, les membres des *Five Eyes*, c'est-à-dire le groupement de pays de l'« anglosphère » (États-Unis, Canada, Australie, Royaume-Uni et Nouvelle-Zélande) qui partagent dans une large mesure leur production de renseignements de toutes sources, s'inscrivent dans cette vision, à l'époque des *Big Data*, cela prend une importance stratégique nouvelle.

Au plan politique, une esquisse de forum des principales démocraties a commencé à fonctionner depuis plusieurs années dans un format dit « 1,5 », c'est-à-dire au niveau des fonctionnaires et de représentants de centres de recherche non officiels. Ce D-10 (« D » comme démocratie) pourrait être la préfiguration d'une institution internationale remplaçant le G-7, en ajoutant aux pays membres de ce dernier (Allemagne, Canada, États-Unis, France, Italie, Japon, Royaume-Uni) l'Australie, la Corée du Sud et l'Inde. Peu après son investiture, le président Biden a annoncé son intention de réunir un sommet des démocraties.

Aux États-Unis se poursuit par ailleurs la formalisation stratégique et idéologique de cette rivalité, pour ne pas encore écrire affrontement, avec la Chine. L'un des indices les plus parlants est la publication par l'Atlantic Council, centre de recherche plutôt centriste, d'un article intitulé « The Longer Telegram: Toward a New American China Strategy », rédigé par un ancien haut fonctionnaire. Ce texte, s'inscrivant dans les courants qui ont été décrits plus haut, interpelle moins par ce contenu mais du fait de son titre. Dans l'histoire américaine, le « télégramme long » fait allusion aux écrits de George Kennan, ambassadeur américain à Moscou en 1946 et 1947, tant sous forme de télégrammes diplomatiques (dits « court » et « long »), puis sous forme d'un article signé « X » dans la revue *Foreign Affairs* : les idées qu'il y développe, et notamment celle d'un bras de fer de longue durée avec l'URSS, posent les bases d'une stratégie dite « d'endiguement » (*containment*) et serviront de cadre conceptuel et d'inspiration pour la conduite de la guerre froide naissante jusqu'à son achèvement victorieux une quarantaine d'années plus tard. Tel est l'air du temps à Washington s'agissant des relations avec la superpuissance chinoise. Le « télégramme » la concernant est seulement plus long que ceux visant l'URSS de Staline.

Sur le registre sémantique, les conseillers les plus proches du nouveau président Biden ont repris à leur compte l'accusation de génocide que Mike Pompeo, le secrétaire d'État sortant de Donald Trump, a portée contre la Chine concernant le sort des Ouïghours au Xinjiang. Difficile d'avoir des relations apaisées entre Washington et Pékin après qu'un mot aussi lourd de reproches a été prononcé.

Contrairement aux États-Unis, la Chine n'a pas de réseau d'alliances de sécurité et de défense sur lequel s'appuyer et à partir duquel se projeter. Elle a certes bâti des partenariats stratégiques, et notamment avec la Russie, mais à ce stade, ces partenariats ne comportent pas d'obligation de défense mutuelle. De ce point de vue, la Chine n'est pas non plus une réplique géostratégique de l'URSS avec son « camp socialiste » matérialisé par des traités multilatéraux de défense (pacte de Varsovie pour l'Europe de l'Est) et d'intégration économique (le Comecon en Europe mais aussi dans le tiers-monde : Cuba, Angola, Sud-Yémen, etc.) ou des engagements de défense bilatéraux (Mongolie, Cuba…).

La Chine est aujourd'hui comme naguère et jadis un « empire du Milieu », dont l'influence est traditionnellement grande dans son voisinage et qui pèse dorénavant à l'échelle mondiale. Cette Chine entend pratiquer une politique des mains libres au plan stratégique, dégagée des obligations parfois encombrantes impliquées par les politiques d'alliance.

Cela ne l'empêche pas d'avoir son projet idéologique, incarné par la gouvernance exclusive du PCC, parti d'inspiration léniniste et organisé de manière non moins léniniste. De même, et ici le socle est le produit de plusieurs millénaires de civilisation chinoise, la Chine se vit comme singulière et hors normes. Il ne s'agit certes pas ici d'être la « nouvelle Jérusalem » de l'exceptionnalisme américain mais de disposer d'un « mandat du Ciel », d'avoir un titre à gouverner « tout ce qui se retrouve sous le Ciel », pour reprendre les formules de l'ère impériale. Comme dans le cas des États-Unis, cette façon d'être au monde ne préjuge pas des objectifs de la politique extérieure de la Chine. Celle-ci a été sino-centrée pendant les quatre siècles qui avaient suivi l'arrêt, pour des raisons intérieures chinoises, des expéditions lointaines de l'amiral Zheng He, alors même qu'allait commencer l'âge dit « des grandes découvertes » des Européens. Jusqu'à l'orée du XIXe siècle, la Chine était certes la plus grande puissance du monde, mais elle vivait dans son monde et hors du monde. Pendant le XIXe siècle, que la Chine actuelle qualifie non sans raison de « siècle des humiliations », Pékin avait certes une politique étrangère, puisque l'étranger s'invitait avec brutalité chez elle, mais celle-ci était par définition défensive et réactive.

Le messianisme de la période maoïste était sans doute virulent mais ses moyens de projection au-delà des confins de sa région d'origine étaient faibles. Cela ne l'empêchait pas d'être parfois fort efficace, surtout dans les premiers temps. En Corée, en 1950-1951, les troupes de « volontaires » chinois raccompagnent l'armée de MacArthur de la frontière de la

Mandchourie jusqu'au sud de Séoul avant de s'accrocher au 38e parallèle jusqu'à ce que, de guerre lasse, les Américains et leurs alliés se résignent à un match nul en 1953. La guerre d'Indochine sera perdue par les Français en grande partie grâce à l'aide chinoise : pas de Diên Biên Phu sans artillerie lourde venue de Chine. Pendant la guerre américaine au Vietnam, au Laos et au Cambodge, la Chine servira de « grand arrière » aux forces communistes, l'aide militaire directe étant majoritairement soviétique. Largement oubliée, sauf par leurs adversaires du moment, il y aura aussi la belle victoire militaire chinoise contre l'Inde aux confins de l'Himalaya en 1962.

La tentative chinoise de projection d'influence la plus ambitieuse se déroulera en Indonésie, mais elle se soldera par un échec catastrophique, avec le massacre en 1965-1966 d'un demi-million de partisans (ou réputés tels) du plus puissant parti communiste du monde capitaliste. Ailleurs, ce seront quelques succès d'estime, par exemple en Tanzanie, avec la construction du Tazara, ligne de chemin de fer destinée à désenclaver les pays d'Afrique australe par rapport aux « indépendances blanches » de Rhodésie et d'Afrique du Sud. Il faudra attendre un tiers de siècle pour que se renouvelle à une échelle infiniment plus vaste ce type de « diplomatie des infrastructures » en Afrique puis à partir de 2013 à l'échelle planétaire avec les nouvelles routes de la soie. On pourrait fermer le ban des années maoïstes en citant l'Albanie néostalinienne d'Enver Hoxha qui se fera maoïste pendant une décennie, avant de se lasser du socialisme avec des caractéristiques chinoises.

Il est vrai que la Chine révolutionnaire avait fortement obéré sa capacité à peser sur les affaires du monde en rompant idéologiquement et stratégiquement avec le grand tuteur soviétique au tournant des années 1950-1960. Cette rupture perturbait gravement la reconstruction de l'appareil industriel et militaire chinois après les guerres incessantes du demi-siècle précédent. Elle allait surtout servir de prélude à plus de quinze ans de désastres humains sans nom, avec les dizaines de millions de morts de la famine succédant aux folies du Grand Bond en avant. Cette hécatombe sera suivie peu après par la Révolution culturelle et ses années de chaos, sans administration et sans universités, couronnées par la fuite de Lin Biao, dauphin présumé de Mao, et l'avènement de la Bande des Quatre. Lors du premier voyage de l'auteur en Chine en 1975, la vie culturelle de la plus ancienne des civilisations de la planète se réduisait à dix films et huit opéras révolutionnaires : la Chine millénaire était au fond du trou.

C'est pourtant aussi à cette époque calamiteuse que le président Mao saura s'inviter dans la cour des grands avec la décision en 1971 de jouer avec l'ennemi américain contre l'Union soviétique, au moment même où la guerre du Vietnam était à son paroxysme. La visite de Nixon à Pékin protégeait la Chine contre une URSS qui paraissait nourrir des plans de première frappe désarmante contre l'arsenal nucléaire chinois naissant tout en lui ouvrant les portes de l'ONU et du Conseil de sécurité – et en les fermant à la république de Chine repliée à Taïwan depuis 1949. Au moment où la Chine de Mao ne pouvait pas tomber plus bas, elle était légitimée au plan mondial. Par ce jeu, la Chine obtient sans coup férir que l'URSS révisionniste et l'Amérique impérialiste, pour reprendre les qualificatifs de Pékin, ne représentent plus une menace active.

Pendant un tiers de siècle, la Chine met à profit cette situation d'apaisement de son environnement stratégique pour se consacrer à son développement sous la houlette de Deng

Xiaoping et ses successeurs immédiats. Suivant en cela la déclaration dite en « 24 caractères » de Deng Xiaoping, la Chine va « cacher son brillant » et « prendre son temps ». Pendant ce temps-là, plus de guerres imprudentes, comme la pénible mésaventure de l'armée chinoise face au Vietnam en 1979, pas de grande querelle avec le monde extérieur sauf lorsqu'il s'agit de Taïwan, et tout pour la modernisation du pays. En 2012, avec l'arrivée au pouvoir de Xi Jinping, ce temps prend fin parce que le nouveau Président voudra changer de politique et plus fondamentalement parce que, devenue superpuissance, la Chine ne pouvait plus « cacher son brillant ».

Nous connaissons la suite. Xi Jinping a obtenu du Parti communiste chinois un mandat aussi puissant que celui détenu par Mao Zedong jadis : la « pensée Xi Jinping » a été élevée au même rang que celle de Mao. La différence, c'est que le support de l'apprentissage est une application en ligne et non plus un petit livre rouge. Le parti durcit par ailleurs son emprise en Chine et s'invite dans la vie politique de Hong Kong ; les forces armées en modernisation accélérée renforcent leurs positions en mer de Chine du Sud et face à Taïwan et au Japon ; avec les nouvelles routes de la soie est lancé un immense projet de portée mondiale, comparable à ce qu'a été le plan Marshall pour le monde occidental après la dernière guerre mondiale ; et la Chine développe tous les jours davantage sa propension à s'exprimer avec la hargne et l'arrogance du parvenu qui a une revanche à prendre face à l'Occident. Au plan idéologique, la Chine tient un discours parfaitement symétrique au narratif démocratique occidental et spécialement américain. La démocratie est décadente, inefficace et incompétente, alors que le PCC assure la stabilité, la sécurité et la prospérité de la société, l'expérience de gestion de la Covid étant naturellement citée en appui de cette démonstration.

Outre que cela peut sonner désagréablement aux oreilles occidentales, l'ensemble est peu rassurant stratégiquement : l'histoire de la Chine populaire est faite de volte-face brutales, sur toile de fond d'opposition idéologique fondamentale combinée désormais au caractère éruptif de l'accession de la Chine au statut de superpuissance. Cela justifie *a priori* l'analogie faite avec le surgissement sur la scène européenne et mondiale de l'Allemagne wilhelminienne à la fin du XIXe siècle. Cependant, jusqu'aux toutes dernières années, la tendance chez les observateurs étrangers a souvent été de tempérer ces alarmes, au nom d'arguments historiques et politiques.

Au plan historique, la Chine n'a pas été au cours des siècles récents une puissance expansionniste, et ses ambitions diplomatiques et militaires étaient tout au plus régionales. Ce n'est pas faux, même si les actions régionales de la Chine ont pu être d'une grande brutalité : les Tibétains en savent quelque chose, tout comme les millions de Cambodgiens affamés et massacrés par les Khmers rouges soutenus par Pékin il y a moins d'un demi-siècle. Cependant, l'absence de grande épopée mondiale de la part de la Chine sous l'empire Qing et après sa chute en 1911 peut être mise sur le compte du manque de moyens plutôt que sur celui d'une absence d'envie. Le messianisme de la période maoïste en porte témoignage. Dorénavant, les moyens existent.

En termes politiques, depuis la mort de Mao Zedong en 1976, les autorités chinoises n'ont cessé de professer une grande indifférence par rapport à la nature des régimes que se donne chaque pays, et dans cette logique, Pékin dit n'attacher aucune condition politique aux accords commerciaux et économiques avec l'étranger, ou à son aide et ses prêts au développement dans les pays les moins favorisés. Cette abstention affichée est cohérente avec l'idée qu'il n'existe pas de valeurs universelles au nom desquelles un pays pourrait s'ingérer dans les affaires d'un autre. La Syrie de Bachar al-Assad massacre-t-elle sa population civile ? La Chine comme la Russie imposera de façon répétée son veto au Conseil de sécurité contre toute politique pouvant amener le bourreau de Damas à de meilleures dispositions. Un coup d'État secoue-t-il la Birmanie voisine de la Chine ? Le ministère des Affaires étrangères chinois expliquera que c'est une affaire intérieure birmane et dénonce préventivement toute ingérence étrangère.

Certes, ce positionnement est moralement contestable et heurte non seulement les pays qui s'inscrivent dans l'héritage des Lumières. Il contredit aussi les grands textes signés, sinon respectés, par l'ensemble des membres de l'ONU, notamment la Déclaration universelle des droits de l'homme de 1948. Cependant, pendant le tiers de siècle précédant l'arrivée au pouvoir de Xi Jinping, force est de constater que la Chine ne prétend pas, ou plus exactement ne prétendait, exporter un modèle ou ses valeurs.

Cette prétention de ne pas se présenter comme un modèle d'exportation est devenue, dès l'avènement de Xi Jinping, une simple commodité diplomatique qui masque de plus en plus mal une approche nettement plus militante et offensive. En novembre 2012, il va décrire ce que peut le « rêve chinois » au plan intérieur, en fixant pour 2049, la date du centenaire de la République populaire, l'objectif d'une Chine forte et prospère. Il va surtout, et cela n'a peut-être pas été suffisamment relevé à l'époque, évoquer une « communauté de destin pour l'humanité », ce qui présuppose un fonds de valeurs communes.

Le conseiller d'État idéologiquement et diplomatiquement influent qu'est Yang Jiechi apportera quelques touches à cette vision : la Chine ne bâtit pas un réseau d'alliances formelles, mais elle s'attend à ce que les pays non alignés, membres d'une alliance « non signée », se tiennent à ses côtés ou à défaut restent neutres. Il apporte aussi une touche de réalisme très « XIXe siècle » lorsqu'il rappelle en 2019 aux pays de l'Association des États de l'Asie du Sud-Est (ASEAN) que « certains pays sont petits et d'autres sont grands et c'est un fait » : il est vrai que le sujet du débat était la mer de Chine du Sud, dans laquelle plusieurs pays membres de l'ASEAN occupent un certain nombre d'îles que la Chine considère comme siennes, puisque cette mer lui appartient censément tout entière.

Le vaste projet de nouvelles routes de la soie, la montée en puissance militaire de la Chine, la mise en scène lors du spectaculaire défilé lors du 70e anniversaire de la Chine populaire en 2019, la virulente diplomatie dite des « loups combattants », notamment à l'encontre des Européens, la dénonciation de la mollesse et la décadence des démocraties, sont les vecteurs d'une politique de grande puissance qui entend occuper sa place au soleil, pour reprendre la formule de Guillaume II.

Certes, le projet impérial chinois ne ressemble pas à l'heure actuelle à l'Empire américain avec son réseau d'alliances politico-militaires et son réseau de points d'appui militaires. L'aspect territorial de l'Empire britannique avec ses vastes colonies asiatiques et africaines mis à part, le modèle chinois ressemble à certains égards au modèle impérial anglais, comme nous le verrons plus bas (chapitre IV). Avec sa maîtrise mondiale des flux de biens et d'information assurée par la domination des mers, son réseau de câbles sous-marins et ses investissements d'infrastructures notamment ferroviaires sur tous les continents, l'Empire britannique à son apogée de la fin du XIXe siècle préfigure à bien des égards les nouvelles routes de la soie à la fois maritimes et terrestres, commerciales, informationnelles, stratégiques et, le cas échéant, militaires. La Chine exploitée et soumise au XIXe siècle à cet impérialisme de prédation plutôt que de colonisation sait d'expérience quelle peut être l'efficacité de cette approche.

Devenue puissance mondiale, la Chine, aux ambitions croissantes et à l'idéologie clairement affirmée, se heurtera dans la durée à l'autre superpuissance que sont les États-Unis, dont les valeurs lui sont clairement opposées et dont les intérêts sont plus souvent divergents que convergents. Certes, les deux superpuissances, comme le reste de la planète, affrontent des défis communs, et notamment le changement climatique. Malheureusement, l'expérience de la pandémie de Covid-19 a montré qu'il ne suffit pas qu'un péril soit partagé pour que l'unité l'emporte sur la confrontation. Tout cela ne suffit néanmoins pas à prévoir une guerre directe, pas plus que la confrontation américano-soviétique n'a conduit à une troisième guerre mondiale. Cela ne l'écarte cependant pas, et exclut encore moins d'autres guerres, par procuration comme jadis en Corée ou au Vietnam, ou des formes de conflictualité moins extrêmes.

Risques de guerre

Les États-Unis et la Chine ne sont pas franchement en paix aujourd'hui, et pas seulement parce que la guerre et la paix ne sont pas des absolus. Pendant les années de la prudence stratégique à l'époque de Deng Xiaoping, Washington et Pékin ne partageaient pas les mêmes rêves mais du moins avaient-ils trouvé le moyen de coucher dans le même lit géopolitique, mettant de côté les sujets sur lesquels il n'y avait pas d'accord sur le fond, telle la question de Taïwan. D'une manière générale, ils préféraient éviter les disputes plutôt que de multiplier les scènes de ménage. Cette coexistence dans l'ensemble plus pacifique que ne l'avait été celle des années de détente Est-Ouest du temps de la guerre froide a clairement disparu au cours de la dernière décennie, au profit d'une relation difficile et destinée à devenir de plus en plus conflictuelle, et vécue comme telle par les deux protagonistes.

S'y ajoutent les évolutions technologiques qui brouillent davantage les frontières mouvantes et incertaines entre la paix et la guerre, sur lesquelles nous reviendrons dans un prochain chapitre.

En passant du plus probable au plus incertain, nous distinguerons plusieurs types de conflits à dimension guerrière entre les deux superpuissances, mais en insistant sur le fait que cette taxonomie ne suppose pas *a priori* que le plus probable est aussi le moins grave, et *vice versa*. Le présupposé que le plus grave était aussi le moins probable s'appliquait assez bien à la confrontation Est-Ouest, résumée par la formule lapidaire de Raymond Aron « Paix impossible, guerre improbable » : le conflit de l'époque contredisait la paix mais ne conduisait pas nécessairement à une troisième guerre mondiale. Dans le cas de l'opposition sino-américaine, il serait hasardeux de partir du principe que ce syllogisme finalement rassurant peut être repris tel quel. L'Histoire ne se répète pas, et il n'est pas toujours évident qu'elle bégaie, comme le disait Karl Marx, ou qu'elle rime, comme le voulait Mark Twain.

Au quotidien, une sorte d'infraguerre existe d'ores et déjà entre la Chine et les États-Unis. Cyberopérations de toutes sortes, à des fins de renseignement, d'entraînement, de rançonnement ou de sabotage, ne sont certes pas le monopole des superpuissances, mais elles en font sans surprises un usage substantiel, le cas échéant en soutien d'opérations informationnelles, sur le registre des *fake news* et autres « infox ». Au milieu des années 2010, les cyberopérations chinoises avaient été considérées comme suffisamment sévères par l'administration Obama pour qu'elles deviennent le principal sujet public de la visite d'État du président Xi en Amérique. Pour bien faire passer le message, les Américains avaient publié des photos de l'un des bâtiments de Shanghai dont les fonctionnaires avaient organisé certaines des attaques les plus dommageables. Infraguerre au quotidien au plan technologique, tel le bras de fer politico-économique concernant les choix de pays tiers en matière de 5G, la « plateforme des plateformes » de l'économie en ligne. Pour affaiblir Huawei, l'administration américaine a interdit à toute société, quel qu'en soit le domicile, de fournir le géant chinois de l'électronique en semi-conducteurs, fabriqués avec des machines ou des logiciels dont la propriété intellectuelle est américaine. De manière générale, sous Trump et jusqu'à présent sous Biden, cette forme de pression extraterritoriale est appliquée de façon progressivement plus large à l'ensemble de l'industrie chinoise, qui reste extraordinairement dépendante à l'égard de « puces » non chinoises, dont elle importe pour $300 milliards par an. La Chine, de son côté, n'a pas cessé de subordonner l'accès à son marché par des investisseurs étrangers à des accords léonins de transfert de technologie.

L'application extraterritoriale du droit intérieur et le *lawfare* – « la guerre par le droit » –, qui étaient naguère encore une spécialité américaine, sont dorénavant pratiqués avec un zèle tout particulier par la Chine. La responsable financière de Huawei, qui est par ailleurs la fille du président fondateur de la firme, est-elle assignée à résidence au Canada, alors que Pékin emprisonne dans des conditions carcérales nettement plus pénibles deux Canadiens qui n'avaient rien à voir avec l'affaire. Un chercheur français s'exprime-t-il sur les liens entre Huawei et le PCC, et voici que la machine judiciaire se met en marche à son encontre, et à celle des médias lui ayant donné la parole…

Certes, ces différentes formes d'infraguerre avaient leurs pendants pendant la guerre froide, sans déboucher sur une guerre, la « vraie », avec des morts et des destructions. Les « mesures actives » du KGB et l'influence financière et politique de l'URSS vis-à-vis de partis communistes à l'étranger n'étaient pas des problèmes mineurs. Il en allait de même des pressions américaines et occidentales pour bloquer les transferts de technologie sensible vers le bloc soviétique et les tentatives de sanctions extraterritoriales américaines contre des sociétés basées en Europe qui travaillaient sur le gazoduc soviétique reliant les pays importateurs d'Europe aux gisements sibériens.

Il y a cependant quelques différences notables. Les effets collatéraux des opérations cybernétiques modernes sont difficilement maîtrisables. Même quand une cible est ponctuelle, comme l'était l'usine d'enrichissement de l'uranium iranienne de Natanz visée avec succès par l'attaque cybernétique américano-israélienne « Stuxnet » au début des années 2010, des dommages ont été produits dans d'autres pays utilisant des systèmes de gestion informatique similaires. Cela oblige à se demander à quel moment une attaque visant à rançonner un hôpital passe de la rubrique des faits divers au statut d'agression étatique majeure parce qu'il y aura eu des morts et que les moyens utilisés auront été identifiés comme relevant d'un État souverain ? Ce champ de bataille est extraordinairement propice aux dérapages et à des processus d'escalade pas forcément prévus.

De même, l'échelle de la guerre technologique et du *lawfare* est nettement plus importante qu'à l'époque du conflit Est-Ouest. Pourtant, l'auteur sait d'expérience, notamment à travers les conséquences de « l'affaire Farewell », que les restrictions technologiques[1] à l'encontre de l'URSS ont joué un rôle non négligeable dans la démoralisation des responsables soviétiques face à la révolution numérique naissante, l'économie soviétique dysfonctionnelle étant incapable de suivre le rythme, mais il s'agissait là de coups de pouce arrivant au bon moment qui faisaient leur effet parce que l'URSS était à bout de souffle indépendamment des actions occidentales. Aujourd'hui, c'est aux œuvres vives d'une économie chinoise en plein essor que s'attaquent les États-Unis, et la Chine se trouve dans les mêmes dispositions, et entend y répondre. Ce sont les intérêts vitaux de chacun qui sont perçus comme étant en jeu.

Aussi, l'infraguerre pourrait fort bien provoquer des réactions plus classiquement militaires, telles des prises de gages comme moyen de rétorsion à une agression d'infraguerre particulièrement lourde de conséquences ou comme test de la détermination de l'adversaire à soutenir ses alliés ou à défendre ses intérêts.

La politique chinoise de militarisation d'îles de la mer du Sud à partir de 2014 est une amorce de ce type d'approche,

1. Au début des années 1980, les services français avaient obtenu par une « taupe » du KGB d'abondantes informations sur les transferts de technologie vers l'URSS. Cela avait conduit à un durcissement général de la politique occidentale en la matière.

comme le sont aussi depuis plusieurs années les manœuvres parfois hasardeuses des navires de guerre des uns et des autres dans ces parages. La prochaine étape pourrait être le débarquement de troupes chinoises sur une île déjà occupée par la garnison d'un autre pays de la région : le Vietnam, les Philippines, la Malaisie et Taïwan y sont en effet présents de longue date. Le précédent existe, puisque la Chine s'est emparée de vive force des îles Paracel (Hsisha) en 1974 alors détenues par un Sud-Vietnam déliquescent. Pour Pékin, il s'agissait de ne pas attendre la réunification du Vietnam sous l'égide du régime communiste « frère » de Hô Chi Minh. L'affaire n'avait pas alors prêté à conséquences, les Américains étant en train de sortir de la guerre du Vietnam, cependant que Washington était en pleine normalisation de ses relations avec la Chine. Les îles Senkaku (Diaoyu), que les États-Unis considèrent comme faisant partie de leurs obligations de défense au profit de leur allié japonais, pourraient également servir de prise de gages, moins sous la forme d'un débarquement qu'à travers une opération visant à empêcher le Japon de continuer à matérialiser sa souveraineté sur ces îlots. Après tout, en 2016, les forces navales chinoises avaient pointé leurs moyens de conduite de tir sur un navire japonais – à la manière de l'incident franco-turc au large de la Libye en 2020. Ce type d'opérations est assorti de risques d'autant plus élevés que prévaut l'impression ou l'illusion que l'escalade peut être contrôlée.

Pendant ce temps, la Chine modernise à marches forcées ses armées, en se dotant d'une marine rivalisant avec l'US Navy, en rationalisant les moyens de commandement stratégiques et en investissant dans les technologies les plus avancées. Pékin n'hésite plus à multiplier les terrains d'affrontement, parfois en menant plusieurs opérations simultanément : en 2020, en pleine pandémie de Covid, c'étaient les incidents de frontière avec l'Inde, les patrouilles autour des îles Senkaku/Diaoyu, les incursions aériennes aux abords de Taïwan, le pistage des navires de guerre occidentaux en mer de Chine du Sud…

Le sort de Taïwan constitue cependant la cause de conflit la plus inquiétante entre les États-Unis et la Chine. Sa probabilité d'occurrence est potentiellement plus élevée que tout ce qui a pu se passer pendant la guerre froide, crises de Berlin et de Cuba comprises. La raison essentielle en est que la Chine considère Taïwan comme lui appartenant, corps et âme. Ce présupposé n'est certes pas nouveau, mais il n'avait pas conduit à une confrontation directe entre Washington et Pékin, et cela pour plusieurs raisons. Lorsque la république de Chine repliée à Taïwan en 1949 prétend représenter la Chine tout entière, elle n'a pas les moyens militaires de faire valoir ses revendications. Lorsque la Chine populaire bombarde à de multiples reprises les îles côtières taïwanaises à proximité du continent, le parapluie américain et la vigueur de la résistance taïwanaise dissuadent Pékin de tenter un débarquement de vive force.

Pendant les années 1990, les velléités indépendantistes de Taïwan incitent Pékin à conduire des manœuvres dans le détroit de Formose, assorties de tirs de fusées à proximité de Taïwan : il suffisait à l'époque qu'une task force aéronavale américaine s'interpose pour ramener le calme. Au plan politique, Américains et Chinois avaient inventé à l'époque de l'admission de la Chine populaire à l'ONU la formule de compromis « un pays, deux systèmes » qui permettait de geler le *statu quo* d'un Taïwan qui demeurerait une démocratie souveraine tout en étant considérée comme faisant partie de la Chine. En termes stratégiques, cela se traduisait par le fait que les États-Unis protégeaient Taïwan cependant que la Chine évitait de recourir à la force contre l'île et que, de son côté, Taïwan ne déclarait pas son indépendance. C'est aussi ce compromis d'une Chine, deux systèmes qui avait prévalu lors du transfert de Hong Kong du Royaume-Uni à la Chine en 1997 : devenue « région administrative spéciale » de la Chine, l'ex-colonie conserverait pour un demi-siècle son droit, ses institutions judiciaires indépendantes, et le respect des libertés fondamentales. Ainsi, les visiteurs en provenance de Chine « continentale » pouvaient acheter à Hong Kong tous les livres interdits par le régime de Pékin, et cela jusqu'en 2047. Dans la pratique, l'accord tiendra une vingtaine d'années : Pékin introduira son propre droit sécuritaire et ses règles politiques à partir de 2019. C'est le début de la fin d'« une Chine, deux systèmes ».

C'est pourtant ce grand compromis qui a valu plus de quarante ans de stabilité stratégique dans la région et partant le développement économique de la Chine. Même le massacre de la place Tian'anmen en 1989 n'allait pas remettre en cause ce *statu quo*. Or c'est ce dernier qui a commencé à se défaire. La Chine se donne les moyens militaires de conquérir Taïwan. Elle a d'ores et déjà la capacité de rendre excessivement risquée toute répétition du déploiement de porte-avions américains entre le continent et l'île tel que pratiqué jusqu'à la fin du siècle dernier. Les documents officiels chinois n'excluent pas le recours à la force pour faire revenir Taïwan dans l'empire. Les Taïwanais eux-mêmes sont de moins en moins enclins à s'intégrer dans l'ensemble économique chinois, et dans les sondages d'opinion comme dans les élections ils professent leur identité taïwanaise et non leur identité chinoise.

Ceux qui seraient tentés de prédire un remake de la guerre froide en Asie se trompent à un double titre. D'une part, ce qui ressemble à la guerre froide au plan des comportements stratégiques est en fait la situation qui a prévalu en Asie-Pacifique au cours du dernier demi-siècle : le respect de la sphère d'influence soviétique en Europe qui interdisait aux Occidentaux d'intervenir lors de l'invasion de la Hongrie en 1956 ou de la Tchécoslovaquie en 1968 avait son pendant dans la réaction purement politique de l'Occident au massacre de la place Tian'anmen ou à la répression au Tibet, cependant que la Chine n'attaquait pas Taïwan. Autrement dit, dans la grande région Indo-Pacifique, nous sortons de ce qui ressemblait aux compromis stabilisateurs de la guerre froide vers une rupture incertaine et instable du *statu quo*.

Ce qui commence à se dessiner entre la Chine et les États-Unis est plus volatil et plus lourd de risques de guerre ouverte que ne l'était la guerre froide. Le sort de Taïwan nous renvoie au monde d'avant-hier, celui de l'Alsace-Lorraine sous Guillaume II, et non à l'ordre de Yalta. La réunification entre la Chine populaire et Taïwan est une ardente obligation pour le pouvoir chinois. En l'absence du compromis sino-américain sur « une Chine, deux systèmes », la question de sa réalisation devient effective. Toute lutte future pour le pouvoir à Pékin se jouera en partie sur ce thème.

À cette affirmation, il serait rassurant de pouvoir dire que deux puissances nucléaires ne se font pas directement la guerre, que l'équilibre de la terreur prévaudra, comme il l'a fait entre l'URSS et les États-Unis, les empêchant de s'opposer militairement en Europe : les alliés de Washington et les « pays frères » de Moscou étaient couverts par le parapluie nucléaire des supergrands. Pourquoi n'en irait-il pas de même entre la Chine et l'Amérique ?

Peut-être. Malheureusement, le statut international *ad hoc* de Taïwan et le caractère amphigourique de la garantie américaine rendent incertaine l'extension du parapluie dissuasif américain à l'île. Celle-ci est aussi exposée stratégiquement que l'avait été Berlin-Ouest pendant la guerre froide, mais les Soviétiques ne pouvaient attaquer la ville de front sans s'en prendre aux troupes américaines, britanniques et françaises qui s'y trouvaient depuis 1945 et qui resteront présentes jusqu'à la fin de la guerre froide. Lorsque l'URSS tente d'imposer un blocus des accès terrestres à Berlin en 1948-1949, cette présence et cette unité occidentales interdiront à Staline de pousser le bouchon plus loin, par exemple en tentant d'abattre les avions de ravitaillement occidentaux livrant vivres et combustibles à la ville encerclée : le blocus se solda par un échec pour l'URSS. Une des raisons pour lesquelles le formidable Staline avait dû lâcher prise est que la réponse occidentale était à la fois efficace et pacifique : l'URSS aurait été obligée d'ouvrir le feu pour empêcher le pont aérien occidental de ravitailler Berlin. C'est ce type de situation que pourrait être tentée de créer à son profit la Chine en interposant sans tirer ses moyens navals et aériens devant les ports taïwanais et dans l'espace aérien entourant l'île. C'est d'ailleurs ce qui se passera à Cuba en 1962, lorsque le président Kennedy mettra Khrouchtchev au défi de violer par la force la « quarantaine » que l'Amérique avait imposée aux navires s'approchant de l'île, en notant au passage que Cuba et Taïwan ont en commun une grande proximité par rapport à la puissance menaçante voisine et un grand éloignement par rapport au protecteur supposé.

Autre scénario. Lorsque Nikita Khrouchtchev brandira, une dizaine d'années après l'échec du blocus de Berlin, la menace de l'escalade nucléaire au sujet de Berlin, les trois puissances occidentales réagissent sans ambiguïté : le général de Gaulle répond en mars 1959 à l'ambassadeur soviétique à Paris, Sergueï Vinogradov, que dans ces conditions « nous mourrons tous, mais vous aussi… ».

Telle n'est pas la situation de l'île de Taïwan à l'encontre de laquelle la Chine peut intervenir sans défier l'Amérique de front. Contrairement à Berlin pendant la guerre froide, il n'y a pas de soldats étrangers à Taïwan et l'île ne s'inscrit pas dans une profondeur de champ stratégique comparable à celle de l'Otan en Europe. En dehors des États-Unis, Taïwan n'a aujourd'hui ni alliés ni protecteur. La dissuasion et la défense qui ont préservé Berlin-Ouest sont plus difficiles à assurer à Taïwan.

Pékin pourrait par ailleurs estimer que la prise de gages sur les îles côtières de Taïwan, que sont notamment Kinmen (Quemoy) et Penghu (Pescadores), n'appellerait pas le même type de riposte américaine qu'une attaque générale. À titre d'essai, l'Armée populaire de libération pourrait commencer à s'en prendre aux garnisons taïwanaises dans les îles plus lointaines, notamment l'île Taiping/Itu Aba dans les Spratley ou l'atoll de Dongsha/Pratas, pour voir si les Taïwanais sont prêts et décidés à se défendre.

Dans la durée, la capacité américaine à pratiquer une défense « vers l'avant » de ses alliés asiatiques diminue au rythme du développement de l'Armée populaire de libération dont la marine possède d'ores et déjà plus de navires de guerre, généralement modernes, que l'US Navy. D'ores et déjà, le pivot de la défense américaine dans le Pacifique est autant situé à

Guam, à plus de 3 000 kilomètres de la Chine, qu'à Okinawa, proche de la Chine et de Taïwan.

Cela ne rend pas une guerre sino-américaine inévitable ou même probable : il y a pour les deux superpuissances *a priori* bien d'autres moyens que la guerre de gérer l'opposition des valeurs et des intérêts qui sépare Washington et Pékin. Les responsables chinois connaissent d'ailleurs leurs classiques au moins aussi bien que les Occidentaux. Là où un Graham Allison invoquera le « piège de Thucydide » qui plongerait l'Amérique et la Chine dans la guerre, les Chinois invoqueront les Mânes de Sun Tzu qui considérait il y a vingt-cinq siècles que les meilleures victoires sont celles qui sont emportées sans avoir à livrer bataille. La subversion, la crainte, l'intimidation, l'exagération du rapport de force et la désaffection peuvent, le cas échéant, amener un adversaire vers l'autodissuasion. Cela suppose cependant que les moyens de la guerre et la volonté de les utiliser soient perçus comme étant crédibles par l'antagoniste que l'on souhaite amener à résipiscence. Ce sont ces capacités qui seront au centre de notre prochain chapitre.

En tout état de cause, l'ordre stratégique dans la grande région Indo-Pacifique a perdu la stabilité qu'il possédait depuis les années 1970 et il n'a pas la robustesse que possédait l'ordre bipolaire de la guerre froide. Pour les pays européens, un bouleversement dans la région Indo-Pacifique au profit de la Chine et aux dépens du système d'alliances américain aurait d'immenses conséquences, que cela passe par la guerre ou par la menace du recours à la force.

C'est là que se joue l'affrontement entre deux civilisations. C'est aussi le pivot de l'économie mondiale. Sur ces deux points au moins, Pékin et Washington sont d'accord.

CHAPITRE III

La démocratisation de la guerre

Si un conflit entre la Chine et les États-Unis est désormais au centre des risques stratégiques à l'échelle de la planète, la guerre elle-même change de nature, dans ses moyens comme dans sa pratique. Il est possible de dire qu'elle se démocratise tout en se banalisant. Ces mots ne seront pas traités ici comme de simples synonymes de quelques autres notions qui ont été ou sont toujours pertinentes s'agissant de la guerre.

Au fil des siècles, la guerre s'est massifiée, jusqu'à ce qu'au plus fort des guerres mondiales le nombre d'hommes adultes assujettis à l'autorité militaire puisse avoisiner celui de leurs concitoyens civils : ainsi, pendant la Première Guerre mondiale, de l'ordre de 8 millions de Français, quasi exclusivement des hommes, étaient subordonnés à la discipline militaire, sur une population masculine de 20 millions de personnes. Une fois défalqué les enfants, les séniors et les inaptes, moins d'un homme adulte sur deux restait disponible pour contribuer à la vie économique et sociale de la nation, ce qui se traduira par ailleurs par la féminisation de tâches dont étaient écartées jusque-là les femmes. Cette levée en masse, dont la première se produisit à l'époque de la Révolution française, n'aurait pas été possible sans le développement des moyens politiques, économiques et techniques libérant les ressources pour procéder à une telle mobilisation dans la durée, assurant la mise en place des moyens organisationnels correspondants et permettant le commandement effectif de telles masses humaines sur le champ de bataille. La démocratie se déployant dans le cadre d'États-nations pouvait être propice à une telle mobilisation générale ; mais comme nous le rappellent les grandes guerres effectives ou même putatives (comme le fut la guerre froide en Europe) des deux siècles qui suivent la prise de la Bastille, la démocratie n'en était pas une condition nécessaire. Les immenses armées de masse que furent l'Armée rouge et la Wehrmacht n'étaient pas les enfants de la démocratie. Le terme de cette évolution était la quasi-militarisation de la société tout entière, avec la naissance comme concept et en pratique de la « guerre totale » par Ludendorff pendant la Première Guerre mondiale et ses imitateurs pendant la suivante.

Cette massification est en déclin visible depuis la fin de la guerre froide et cela partout dans le monde, y compris dans des pays dont la structure de forces n'était pas principalement déterminée par le contexte stratégique propre au conflit Est-Ouest. Comme l'agriculture moderne ou l'industrie manufacturière, la guerre ne repose plus principalement sur le nombre de bras pouvant manier une faux, un marteau ou un fusil.

S'agissant des pays d'Europe occidentale, ce processus a conduit à ce que certains spécialistes appellent des « armées bonsaï », du nom de ces arbres nains japonais qui ont toutes les qualités de leurs modèles tels les chênes ou les sapins sauf une : la taille. Ainsi la France aligne aujourd'hui une armée de terre de 114 000 soldats d'active, soit le tiers seulement des effectifs d'il y a quarante ans. L'Allemagne, qui déployait à la même époque 3 700 chars d'assaut, n'en compte plus que 245. La Royal Navy britannique ne possède que 20 navires de combat de premier rang contre 70 en 1981, et la RAF est passée de 713 avions de combat à 222. Et il s'agit là des pays les mieux dotés d'Europe. Certes, la fin de l'Empire soviétique a précipité cette tendance, mais le processus dépasse ce seul facteur explicatif, car l'environnement stratégique n'est vraiment plus celui des années 1990 : la Russie est redevenue une grande puissance militaire, la Chine est désormais une superpuissance et l'Afrique sahélienne, la Méditerranée et le Moyen-Orient ne sont pas des zones de paix.

Cette « démassification » des armées d'active ne signifie cependant pas que la guerre cesse d'être l'affaire de tous, qu'il s'agisse d'en être la cible ou les acteurs, thème que nous aborderons plus bas. Les victimes les plus nombreuses de la guerre ont d'ailleurs cessé depuis longtemps d'être des militaires. Si les civils vont moins à la guerre, la guerre vient aussi plus volontiers à eux.

Nous assistons par ailleurs à une « popularisation » de la guerre sous la forme de la « guerre du peuple » dont le théoricien et l'un des praticiens les plus éminents était Mao Zedong. Ainsi, de manière plus large, tout ce qui relève de la guérilla (mot passé dans la langue française pendant la résistance des Espagnols face aux campagnes napoléoniennes), ou la guerre irrégulière (car s'affranchissant des règles censément suivies par les armées « classiques ») ou encore, pour reprendre une expression moderne, la « guerre asymétrique ». Ce qualificatif traduit mieux que ne s'en rendent parfois compte ceux qui l'emploient le déséquilibre des enjeux et de motivation qui explique pourquoi six cent mille soldats américains équipés des moyens les plus modernes de l'époque finissent par quitter le Sud-Vietnam en 1973. Mais le mot rend compte aussi de la différence des « règles du jeu » en présence : si la guerre n'est pas un jeu, elle obéit néanmoins à des règles explicites (par exemple, les conventions de Genève) ou implicites. Dans la guerre asymétrique, l'un des principaux enjeux, et cela sans jeu de mots, c'est précisément la capacité de déterminer qui, des protagonistes en présence, imposera « sa » règle du jeu.

On sait que la guérilla est en train de l'emporter quand l'armée régulière qui lui est opposée adopte les méthodes les plus radicales de la guerre dite « irrégulière » tels l'exécution des prisonniers (sauf s'ils ont une valeur marchande), la torture, ou le traitement barbare des populations civiles supposées complices de la guérilla. Enfin, l'asymétrie est aussi celle des ressources financières : la guérilla, c'est aussi la guerre low cost. La guerre populaire l'est dans tous les sens de cet adjectif.

Par ailleurs, la guerre asymétrique caractérise non seulement des « proto-États » comme les mouvements de libération nationale des guerres de décolonisation ou la guerre des partisans dans une partie de l'Europe occupée pendant la Seconde Guerre mondiale, mais aussi des acteurs sans projet étatique, comme Al-Qaida, disposant désormais de moyens matériels et organisationnels inédits. Ainsi, les attentats du 11 septembre 2001 tueront davantage de personnes qu'il ne mourra de soldats américains sur les plages du Débarquement le 6 juin 1944. L'asymétrie d'accès aux technologies de la mort diminue au rythme de la révolution numérique. L'asymétrie de la guerre se situe désormais davantage au niveau des motivations et des méthodes qu'à celui des seuls moyens.

Cette réalité n'est pas près de disparaître, mais avec une nuance d'importance : les moyens d'action de la guérilla sont en train de s'accroître rapidement : l'asymétrie des moyens et de leurs effets diminue, du fait du processus de démocratisation. De ce fait, le niveau de violence de la guerre asymétrique est appelé à s'aggraver. C'est ce que nous qualifions ici de démocratisation de la guerre.

La guerre est devenue plus populaire dans un autre sens : le combat et le commandement cessent d'être quasi exclusivement l'affaire des hommes. Au cours des dernières décennies, les armées se féminisent progressivement à tous les niveaux et dans pratiquement toutes les spécialités. Les femmes représentent 10 % des effectifs dès le temps de paix en Russie, 11 % au Royaume-Uni, 15 % en France, 18 % aux États-Unis.

Moore contre Augustine ?

La révolution des technologies de l'information et des communications répond depuis les débuts de la numérisation il y a plus d'un demi-siècle à la loi empirique dite « de Moore », du nom de Gordon E. Moore (né en 1929), l'un des inventeurs des premiers microprocesseurs chez Fairchild puis Intel. Celle-ci constate, depuis la fin des années 1960, que la capacité de calcul à prix et surface constants double tous les dix-huit mois. C'est cela qui explique entre autres pourquoi chaque possesseur d'un smartphone dispose d'une capacité de recueil, de traitement et de transmission de l'information supérieure à celle de tous les ordinateurs existant sur l'ensemble de la planète il y a un demi-siècle, époque qui correspond aussi aux premiers pas de ce qui deviendra Internet. Appliqué à la guerre, ce constat signifie que les barrières d'entrée à des capacités réservées naguère à des pays puissants s'abaissent au rythme exponentiel de la loi de Moore. Pour prendre un exemple extrême, avec un smartphone en guise de senseur et de transmetteur fixé à un drone du commerce porteur d'un petit pain d'explosif, une poignée de terroristes peut cibler une cible infiniment plus coûteuse. Le cas s'est présenté dans les opérations de Daech en Syrie et en Irak.

Les moyens de préparation de mission, de ciblage des objectifs et de conduite des opérations bénéficient directement de la loi de Moore et autorisent des frappes précises et coordonnées, donc avec un excellent ratio entre les moyens de frappe relativement peu nombreux et les points visés, le tout avec des coûts décroissants. L'une des illustrations les plus spectaculaires de cette réalité a été fournie le 14 septembre 2019 à l'occasion de la frappe iranienne contre les installations pétrolières saoudiennes. Une vingtaine de drones et de missiles de croisière dont le coût d'ensemble ne dépassait probablement pas une dizaine de millions de dollars ont temporairement réduit de moitié les exportations saoudiennes de pétrole et obligé l'Aramco, la société pétrolière saoudienne, à reconstruire les installations détruites à Abqaiq et Khurais. Aux prix de l'époque, l'Arabie saoudite perdait de l'ordre de $500 millions par jour, auxquels s'ajoutaient les coûts de reconstruction et l'impact sur la valeur boursière de l'Aramco, qui était en train d'ouvrir son capital à une introduction boursière. L'emploi de moyens similaires contre l'Arabie saoudite par les Houthis yéménites soutenus par l'Iran répond à la même logique : la guerre du Yémen coûte à l'Arabie saoudite plusieurs dizaines de milliards de dollars par an.

Il est vrai que les Saoudiens se reposent en grande partie sur des systèmes qui répondent moins à la règle de Moore qu'à une autre loi empirique dite d'« Augustine », du nom de Norman R. Augustine (né en 1935). Lorsqu'il avait servi au Pentagone, celui-ci constatait que le coût d'un avion de combat doublait à chaque changement de génération (soit environ vingt ans) : à budget constant, le nombre d'avions allait donc être divisé par deux à chaque étape. Augustine concluait ainsi que le Pentagone ne pourrait plus s'offrir qu'un seul avion en 2054[1] : la logique du bonsaï atteint son point d'absurdité. Ajoutons que le constat du doublement du coût des avions de combat à chaque génération s'applique tout autant hors des États-Unis et, surtout, il vaut peu ou prou pour les autres grandes « plateformes » de combat telles que les porte-avions ou les chars d'assaut.

La loi de Moore et celle d'Augustine sont apparemment en opposition frontale. Dans la pratique, tel n'est pas forcément le cas. Les applications de la révolution des technologies de l'information peuvent naturellement être incorporées dans les grands systèmes de combat, dont les performances peuvent ainsi être accrues à un rythme plus important que la croissance de son coût : on peut ainsi affirmer qu'un Rafale coûte peut-être deux fois plus qu'un Mirage 2000 tout en observant qu'il est quatre fois plus performant. Les deux lois peuvent ainsi coexister, du moins jusqu'au moment où l'effet bonsaï conduit à une prise de risques inacceptable : qui oserait sortir de son hangar le seul et unique avion disponible ?

C'est dans leurs effets de seuil que s'opposent les deux lois. Celle d'Augustine rend inabordable toute une catégorie d'armements, celle de Moore en démocratise l'accès. Les Saoudiens ont assez d'argent pour s'acheter à prix d'or des avions de combat, pendant que les Houthis investissent dans les drones tueurs et les missiles balistiques aimablement fournis par l'Iran.

En apparence, les uns voyagent en première classe alors que les autres sont relégués en classe « éco ». Mais il y a une

1. Augustine a énoncé sous une forme facétieuse un ensemble de seize lois empiriques. Celle qui est généralement citée comme « la » loi d'Augustine est la seizième.

autre distinction, celle qui sépare ceux qui sauront tirer au plus vite les bénéfices techniques révolutionnaires de la loi de Moore et ceux qui seront lents à la détente. L'Iran s'est achetée *volens nolens* une capacité de projection de force régionale pour une fraction seulement du coût consenti par Israël ou l'Arabie saoudite pour s'équiper d'une armée de l'air traditionnelle. Dans la mesure où Israël dispose à la fois des ressources, de la capacité d'innovation technologique et d'un état d'esprit ouvert au changement, Tsahal peut sans doute s'offrir à la fois la meilleure aviation de la région dotée de tous les apports techniques issus de la loi de Moore tout en se dotant des moyens non pilotés les plus révolutionnaires, or c'est une exception. Dans la plupart des cas, ce qui existe déjà en magasin va freiner l'adoption des technologies de rupture qui mettent en cause les habitudes et les organisations héritées du passé. La lenteur des états-majors européens à se lancer dans l'aventure des engins de combats non pilotés en est le témoignage : en France, il a pu sembler par moments qu'il avait été plus facile de passer du cheval à la « cavalerie blindée » pendant les années 1930 que d'adopter les drones.

À l'inverse, des pays qui, pour des raisons diverses, soit de financement, soit d'embargo, ne possèdent que peu de systèmes d'armes hérités du passé, ce que les Anglo-Saxons appellent justement les *legacy systems*, peuvent acquérir un avantage aussi significatif que celui qui a séparé les vainqueurs à la Guderian et les vaincus à la Gamelin de l'an 1940. C'est ce qui se passe en 2020 dans la brève guerre entre l'Azerbaïdjan, équipé par les Turcs et les Israéliens en systèmes de l'âge numérique, et les Arméniens, restés à l'ère soviétique, pour ne pas dire jurassique. Les spécialistes parlent désormais de *sunset* et de *sunrise systems*, les systèmes d'armes du soleil couchant ou levant.

Le moins-disant financier du numérique s'avère aussi être un mieux-disant opérationnel. Là où seuls un petit nombre d'acteurs pouvaient se doter de moyens de projection de force aérienne, navale ou terrestre, désormais le plus grand nombre peut entrer dans la « cour des grands », même les va-nu-pieds houthis.

Cet abaissement des barrières d'entrée s'applique non seulement aux structures de forces et aux systèmes d'armes qui la composent, mais davantage encore à la capacité que donne la numérisation d'intégrer, d'orchestrer en un tout cohérent tous les moyens mis en œuvre dans l'espace de la bataille comme de la guerre dans son ensemble. Cela ne signifie pas que ces capacités seront sans défaut, l'adversaire du moment s'employant naturellement à les désorganiser. Simplement, les moyens d'orchestration des forces qui étaient naguère le privilège des grandes puissances, sinon des seules superpuissances, à la manière de la guerre du Golfe de 1991 que seuls les États-Unis savaient gérer, sont dorénavant largement accessibles à qui veut apprendre à s'en servir.

Plus que les contraintes financières ou les barrières technologiques, c'est l'aptitude mentale et organisationnelle à l'innovation qui sera cruciale. Ainsi, les moyens de la guerre se démocratisent suivant le même schéma que celui qui caractérise la numérisation de la société civile, la numérisation de la guerre suivant en l'occurrence celle de la paix. Dans le monde prénumérique, il en allait autrement, notamment pendant la première moitié du XXe siècle : le moteur à réaction, le radar, l'aviation à long rayon d'action, la fusée balistique étaient militaires avant de se rendre plus largement utiles au genre humain.

Cette démocratisation militaire, tout comme ses formes technologiques ou politiques, ne signifie pas l'effacement des inégalités, au contraire. Chacun sait quel gouffre sépare le commun des mortels numérisé de l'écosystème des dirigeants multimilliardaires des Gafam américaines, des BATX chinoises et autres « licornes[1] ».

Cette inégalité est cependant différente de celle de l'ère prénumérique. Au siècle dernier prévalait une structure sociale à trois étages : le prolétariat urbain salarié ou pris en charge par la solidarité sociale ; les classes moyennes salariées toujours plus nombreuses comprenant les cadres intermédiaires ; les classes bourgeoises embrassant les professions libérales classiques et les hauts dirigeants salariés. Désormais, nous nous dirigeons vers une société à quatre niveaux, proche d'une forme en tour Eiffel : au niveau du gazon, une cohorte importante mais minoritaire largement exclue de la sphère numérique, notamment les personnes âgées dépendantes ; au premier étage, une majorité plus ou moins précarisée mais partageant un mode de vie numérisé ; puis plus haut une classe moyenne, également précarisée mais de moins en moins nombreuse incluant au passage les professions libérales classiques ; et tout au sommet, les 0,01 %, c'est-à-dire moins de 10 000 personnes dans le cas d'un pays comme la France.

Répliqué en termes géostratégiques, cela donne à la base les acteurs non étatiques et les populations « mercenarisées » entrevues dans notre prologue libyen, suivis du gros de la troupe, à savoir un grand nombre d'États qui se dotent des capacités militaires rendues accessibles par la numérisation. Puis se présente la classe moyenne des nations, dont les puissances émergentes tels l'Inde, le Brésil ou la Turquie, mais aussi les anciennes puissances impériales d'Europe et la Russie, qui tentent de gérer

1. Gafam : Google, Apple, Facebook, Amazon, Microsoft. BATX : Baidu, Alibaba, Tencent, Xiaomi. Licorne : société non cotée valorisée à plus de $1 milliard.

ou de contrer un pénible processus de déclassement stratégique, et enfin deux superpuissances, la Chine et les États-Unis, qui se disputent le sommet.

Cette vision peut paraître décalée par rapport à une réalité forcément plus complexe. Il n'en est rien : dans les documents officiels français[1], le thème du déclassement national ou européen fait dorénavant partie non seulement de l'univers mental des décideurs, mais sert aussi de base à la programmation des dépenses militaires pour la période s'ouvrant en 2022. Le sujet n'est ni théorique ni purement académique.

La lutte pour la prééminence que se livrent désormais la Chine et les États-Unis, comme l'attachement de chacun de ces pays aux positions acquises de longue ou de fraîche date, impose aux superpuissances des logiques quantitatives et qualitatives de dépenses différentes de celles qui s'appliquent aux autres catégories d'acteurs. Ces pays sont amenés à s'engager dans la course vers des technologies nouvelles coûteuses à laquelle ne s'applique pas directement la loi de Moore ou dont l'avènement coïncide avec le ralentissement de ses effets, telles les armes dites « hypervéloces », qui dépassent plus de cinq fois la vitesse du son. Les pays qui luttent contre leur déclassement stratégique, comme la Russie, la France ou le Royaume-Uni, ou ceux qui tentent de monter dans la hiérarchie des puissances, comme l'Inde, se voient à leur tour amenés à s'engager dans ce nouveau type de course aux armements, rang oblige.

Ces armes et d'autres auront aussi leurs propres conséquences sur l'autre dimension de la guerre au XXIe siècle, à savoir sa banalisation.

1. Ainsi l'« Actualisation stratégique 2021 » du ministère des Armées qui met à jour la *Revue stratégique de défense et de sécurité nationale*, rédigée à la demande du président Macron en début de mandat.

Dans la vie courante, ce qui est banal est souvent traité comme étant « normal » ou « allant de soi ». La banalisation de la guerre risque d'être tout sauf ordinaire dans ses conséquences.

La banalisation se manifeste de la façon la plus courante à travers les opérations conduites dans la cybersphère. Pas une journée ne passe sans que soient relatées des attaques contre des hôpitaux, des réseaux gouvernementaux, des fichiers de données personnelles, et récemment encore à l'encontre des centres de recherche sur les vaccins anti-Covid, et cela un peu partout dans le monde. Ces virus et autres instruments d'intrusion ou d'attaque portent des noms étranges : NotPetya, Bad Rabbit et autres SolarWinds. Ces opérations sont souvent à finalité criminelle, tels les « rançongiciels » qui exigent le versement de Bitcoins vers le web « noir » en échange du déblocage des systèmes informatiques visés. Tel avait été le cas de l'attaque massive par le rançongiciel WannaCry contre des hôpitaux du National Health Service britannique en 2017 : l'incitation à payer est évidemment forte lorsque des vies humaines sont en jeu dans des salles d'opération mises hors service. Certaines de ces attaques peuvent d'ailleurs être le fait d'États impécunieux, telle la Corée du Nord, mais la finalité est en l'occurrence criminelle. La plupart des opérations de ce type sont au demeurant peu médiatisées : rares sont les organisations ayant envie de voir affichée leur vulnérabilité.

Outre les actions à des fins lucratives, s'y ajoutent les opérations s'intégrant dans des politiques d'État, à des fins de renseignement, tel le vol du fichier des fonctionnaires fédéraux américains par des intérêts chinois, ou pour marquer un mécontentement. Tel avait été le cas de la première grande attaque informatique contre les administrations d'un pays, l'Estonie, en 2007, à la suite du déménagement d'un monument aux morts russe, ou du hacking nord-coréen en 2014 contre Sony qui avait eu le mauvais goût de produire un film moquant le Grand Leader de cette aimable contrée.

Politiques d'État encore lorsque se combinent cyberopérations et infoguerre. Le prétendu « institut Lakhta de recherche sur l'Internet », plus généralement connu sous le sobriquet de l'« usine à trolls de Saint-Pétersbourg », a largement opéré *via* les réseaux sociaux américains dans le cadre des élections présidentielles américaines de 2016. L'un des buts était de décourager l'électorat noir de se déplacer le jour du scrutin, de manière à priver Hillary Clinton d'une partie de sa base électorale. En même temps, des intrusions cybernétiques étaient effectuées à l'encontre de responsables du Parti démocrate. Il n'est pas évident que ces manœuvres aient changé le sort de l'élection, comme l'ont prétendu certains adversaires démocrates de Donald Trump qui ont ainsi prêté à la Russie une puissance hors normes. Ce qui est clair et plus dommageable, c'est que cette mise en lumière a contribué à semer le doute sur la fiabilité et la sincérité du système électoral américain, qui avait déjà montré ses faiblesses lors de l'élection présidentielle de 2000. Du point de vue russe, le coup était double : la démoralisation et la méfiance vis-à-vis du cœur du système démocratique américain et la mise en exergue de la puissance de la Russie sinon de sa superpuissance, présentée par ses adversaires comme étant capable de déterminer le sort politique des États-Unis.

A fortiori, nous sommes dans la politique d'État lorsque des infrastructures critiques sont en jeu. C'était le cas au début des années 2010 avec l'attaque informatique dite « Stuxnet » menée par les États-Unis et Israël contre l'usine iranienne d'enrichissement de l'uranium à Natanz, qui avait elle-même provoqué en retour des cyberreprésailles contre le réseau informatique de l'Aramco en Arabie saoudite et de la RasGas au Qatar en 2012. Pendant un certain temps, l'introduction d'un virus dit « Shamoon » avait ainsi mis en drapeau les trente-cinq mille ordinateurs de la première société pétrolière du monde. Quelques années plus tard, des attaques croisées ukrainiennes et russes mettront en difficulté les réseaux de distribution d'électricité dans la région, notamment dans la Crimée annexée par la Russie.

Cette brève et incomplète description met en relief trois particularités des opérations dans la cybersphère. En premier lieu, nous sommes ici dans l'exact contraire du registre dissuasif qui est celui des armes nucléaires : on sait que l'on a échoué si l'on est amené à passer de la dissuasion à l'emploi effectif des armes. Avec le cyber, c'est le contraire : l'emploi est général et précoce, et il n'y a pas d'équilibre dissuasif stable. Ensuite, la gradation est floue entre ce qui ne relève pas de la guerre, même au sens purement métaphorique du terme, jusqu'à des opérations clairement guerrières. Il y a un gouffre entre un hacker travaillant pour son compte et une attaque lourde de conséquences comme Stuxnet. Là encore, nous sommes à l'exact opposé du domaine nucléaire, dans lequel la différence entre l'emploi et le non-emploi des armes est on ne peut plus brutale. Enfin, les cyberopérations sont relativement économes au plan budgétaire, même dans les pays qui investissent le plus dans le domaine. En France, il y a au moins un facteur dix entre le coût budgétaire des moyens cyber et celui de la force de dissuasion. La même remarque vaut pour les moyens de défense : la protection contre les virus informatiques et autres intrusions peut coûter cher, mais permet d'assurer un niveau de prophylaxie mesurable, alors que les moyens de défense contre les armes nucléaires sont infiniment chers sans que la preuve de leur efficacité puisse être apportée.

Précisément parce que la cyberguerre, c'est tous les jours et tout le monde, les risques de dérapage sont extrêmement élevés, car une fois lâchés dans les réseaux, les virus informatiques sont aussi difficiles à maîtriser que leurs cousins biologiques échappés dans la nature. Un cyberguerrier nord-coréen pense mener une simple opération de rançonnage d'un hôpital américain, et il en atteint des dizaines, provoquant, sans l'avoir cherché, la mort de centaines de personnes ? Comment Washington pourrait-il éviter de répondre autrement que par une frappe pas du tout cybernétique contre des installations clés du pouvoir de Pyongyang, frappe qui elle-même pourrait provoquer un échange nucléaire ? Le gouffre qui existe entre l'univers de la guerre cybernétique au quotidien et le monde de la dissuasion nucléaire peut malheureusement être franchi, et cela dans des conditions qui n'existaient pas naguère. Dans le passé, la guerre nucléaire a failli éclater en de très rares occasions, notamment dans le cadre de la crise des fusées de Cuba. Cette remarque n'est pas faite pour rassurer, puisqu'il s'en était alors fallu de très peu que le monde ne bascule dans l'holocauste nucléaire, par exemple lorsque les officiers d'un sous-marin soviétique porteur d'une torpille nucléaire avaient cru leur submersible menacé par un grenadage de l'US Navy. L'on conviendra cependant que ce type de rencontre était fort heureusement très rare. La généralisation des cyberopérations multiplie les risques de dérapage pouvant provoquer la montée aux extrêmes.

S'y ajoutent les erreurs de calcul liées aux différences idéologiques et politiques entre les acteurs du système. Dans un pays où les élections sont soit inexistantes, soit une comédie, il peut y avoir une sous-estimation de l'impact stratégique de cyberopérations conduites à des fins politiques qui ne font ni morts ni ne causent de dommages matériels. Le succès des services russes et de leurs cyberauxiliaires à l'occasion des élections américaines de 2016 a été remporté au prix fort. Désormais, tant que le président Poutine sera aux commandes à Moscou, il n'y a guère de perspectives d'amélioration substantielle et durable des relations russo-américaines. Elles sont devenues durablement plus mauvaises qu'elles l'avaient été dans les moments les plus sombres de la confrontation Est-Ouest pendant la guerre froide. On sait que dans la durée, ça ne s'était pas bien terminé pour le pouvoir en place au Kremlin.

L'une des caractéristiques des cyberopérations est la difficulté qu'il peut y avoir à identifier l'origine d'une attaque. Un virus informatique, tout comme les virus dans la nature, n'est pas forcément estampillé avec son adresse d'origine. C'est la version numérique du problème auquel on est confronté s'agissant de l'origine du SARS-CoV-2. Le monde extérieur réagira différemment selon que le virus est né dans quelque marché d'animaux mal tenu, d'un accident « à la Tchernobyl » dans un laboratoire d'analyses virologiques à Wuhan, ou d'un improbable acte de bioterreur d'État : mais en tout état de cause, comment faire si on ne parvient pas à remonter à la source ? Ce type d'interrogation vaut dans l'univers des réseaux numériques, et il peut être tentant d'en déduire que cela empêcherait le passage de la cyberguerre à la guerre tout court, avec ses moyens cinétiques conventionnels ou nucléaires. Comment en effet imaginer une riposte armée à une attaque non signée ?

Pourtant, c'est la conclusion opposée qu'il faut tirer. D'une part, sous le couvert de la non-attribution supposée de ses attaques, un cyberguerrier sera tenté de prendre encore plus de risques de dérapage ; et de l'autre, la non-attribution des actes n'est pas une donnée absolue ni constante dans le temps. Bien des actes de violence n'ont pas besoin d'être officiellement revendiqués pour que l'auteur en soit identifié tôt ou tard, à travers sa « signature » : mode opératoire, nature des cibles. Dans certains cas, l'analyse est quasi immédiate : le soir du 11 septembre 2001, la responsabilité de Ben Laden était connue, en amont de toute revendication par le chef d'Al-Qaida. Comme le savent les spectateurs de séries consacrées aux *cold cases*, les capacités de lecture de ces signatures évoluent avec le temps. En stratégie comme en matière judiciaire, la vengeance est un plat qui peut être mangé froid.

En bref, en élargissant le spectre de la conflictualité, la cybersphère contribue à l'accroissement du danger de guerre, y compris au niveau le plus extrême de violence. La cyberguerre, tout comme celle dite « hybride » menée sans coups de feu par les « petits hommes verts » russes en Crimée en 2014, est parfois réputée être « invisible », mais cette invisibilité est précaire et révocable.

Toys for the boys[1]

La diffusion des moyens dits « cinétiques » de la guerre – c'est-à-dire tout ce qui est matériel, de préférence explosif et contondant – obéit aux mêmes logiques de démocratisation et de banalisation. Les drones et autres armes pilotées à distance en sont peut-être l'exemple le plus médiatisé. C'est aussi le

1. « Des jouets pour les p'tits gars ».

plus extrême en ce qui concerne les seuils d'accès. N'importe qui peut se rendre dans un magasin ou commander en ligne un drone quadricoptère pour moins de 500 euros. En général, l'emploi en est certes réglementé, et à juste titre, car ce qui est vendu comme un jouet un peu plus cher que d'autres représente malgré tout un danger pour la vie d'autrui même en l'absence de toute intention de nuire. Une rencontre inadvertante entre un drone et un avion de ligne près d'un aéroport peut ne pas être anodine.

À l'autre bout de la chaîne, des drones armés multimissions à longue durée de vol et grands comme des avions coûteront des millions d'euros. Il n'en reste pas moins que même les petits pays ou groupes peuvent frapper à distance à faible coût.

La même évolution se dessine s'agissant des « systèmes autonomes », c'est-à-dire des engins qui ne dépendent pas des instructions d'un pilote au sol pour s'acheminer vers un objectif et, le cas échéant, le détruire. La cible n'aura pas forcément besoin d'être désignée à l'avance, et le système autonome pourra, le cas échéant aussi, être responsable de la sélection de l'objectif. Il s'agit donc là de robots du champ de bataille, dotés d'une forme d'intelligence artificielle, pouvant opérer chacun pour son propre compte ou en essaims opérant en réseau. Cela peut couvrir des fonctions aussi différentes que les frappes aériennes, le transport du barda des soldats par des « mules » robotiques, ou la détection discrète de sous-marins par des drones opérant en submersion.

L'avènement à grande échelle des systèmes autonomes, et notamment des armes robotiques destinées à tuer sans ordre humain, pose une foule de problèmes éthiques et juridiques :

qui est responsable de la décision de porter la mort, notamment si cela débouche sur des crimes de guerre ou contre l'humanité ?

Sans tenter ici de défricher ce nouveau domaine du droit, ou de l'absence de droit, on notera qu'en tout état de cause, l'ensemble de ces systèmes, qu'ils soient autonomes ou pilotés à distance, accroît le risque de guerre par plusieurs biais. Cela commence avec leur diffusion, ce que nous appelons leur « démocratisation » : plus d'acteurs, donc plus d'occasions d'emploi et plus de complexité dans la gestion d'une crise du fait même de la multiplication des acteurs, comme en témoigne la situation que l'on n'ose qualifier d'« exemplaire » de la Libye. Cela continue avec des prises de risque accrues dues au fait que l'utilisateur d'un système robotique aura tendance à l'utiliser plus volontiers qu'un avion (par exemple), dont la perte serait plus coûteuse en argent et en ressources humaines que l'élimination d'un drone ; cette tendance est renforcée par le sentiment irrationnel mais réel qu'une attaque robotique serait moins intrinsèquement agressive qu'un bombardement « traditionnel ». Ainsi, le président Obama, connu pour sa retenue s'agissant du recours à la force, a lancé sous son autorité directe des centaines de missions de drones pour tuer des responsables terroristes dans divers pays – Pakistan, Afghanistan, Yémen, Somalie... – plus volontiers qu'il n'engageait des moyens aériens plus classiques.

Il en va de même pour la symétrique : là où un pays hésiterait à tirer sur un avion ayant un équipage à bord, la tentation sera plus grande de s'en prendre à un drone, même coûteux et volant clairement sous la responsabilité d'un État donné. C'est ce qui arriva en juin 2019 lorsqu'un missile antiaérien iranien abattit un drone Global Hawk américain dans les parages du détroit d'Hormuz. Donald Trump dit avoir été à « dix minutes » de déclencher un bombardement massif de représailles contre l'Iran. Les Pasdaran iraniens auraient-ils abattu un avion américain dans les mêmes conditions d'incertitude quant à la localisation par rapport à l'espace aérien iranien ? Et Trump aurait-il accepté de perdre un pilote sans réagir ?

Les systèmes autonomes poseront les mêmes problèmes mais avec un niveau de risque plus élevé : un système piloté reste *a priori* sous contrôle. Cependant, qu'arrive-t-il lorsque les algorithmes d'un robot connaissent une défaillance aux conséquences meurtrières imprévues ?

Le résultat de ces évolutions, ce sont plus d'acteurs, petits et grands, capables et désireux de recourir à la force sur des théâtres d'opérations plus nombreux. Les « zones grises » de la conflictualité virent plus volontiers que naguère au noir.

L'espace à son tour

Longtemps, l'espace extra-atmosphérique n'était accessible qu'à une poignée d'acteurs. Jusqu'au milieu des années 1990, seuls les Américains et les Soviétiques/Russes pouvaient s'offrir la panoplie complète des satellites d'observation, d'écoute, de communications protégées. Puis la France et la Chine s'y sont mises, suivies à des degrés divers par l'Allemagne, l'Italie et Israël. Vers 2015, une quinzaine de pays disposaient de satellites de reconnaissance, avec notamment l'arrivée des pays asiatiques (Inde, Japon, Corée du Sud, Taïwan et, de manière encore rustique, l'Iran…), cependant que les Européens s'étaient associés autour des projets multinationaux, cela sur toile de fond d'amélioration constante des performances. Là où l'on considérait une résolution d'un mètre comme un exploit il y a un quart de siècle, on évoque désormais de tout petits décimètres, voire moins.

Quelques domaines restent le monopole des grandes puissances, ainsi ce que l'on appelle « l'alerte » spatiale, c'est-à-dire les satellites permettant de détecter les tirs de fusées, d'en identifier la nature et, le cas échéant, d'en calculer la trajectoire et donc en connaître la cible. Seuls les États-Unis et l'URSS/Russie ont déployé des capacités substantielles en la matière, la Chine s'y intéresse (en coopération avec la Russie) et la France a les moyens d'en disposer si elle faisait les choix budgétaires correspondants avec ses partenaires européens.

Dans l'ensemble, pendant le demi-siècle qui a suivi la mise en orbite du premier Spoutnik par l'URSS en 1957, l'espace a joué un rôle de stabilisation stratégique, nonobstant une surabondante littérature sur la « guerre de l'espace » et autres *Star Wars*. Malgré des essais antisatellites conduits par l'URSS puis les États-Unis, et en 2007 par la Chine, jusqu'à ces dernières années, les nations présentes dans l'espace tendaient à privilégier les bénéfices qu'ils pouvaient tirer de leurs satellites en matière de renseignement et de communication des données, plus qu'ils ne cherchaient à empêcher leurs rivaux d'en profiter. Certes, cela ne les empêchait pas d'y songer et de s'y préparer, mais les passages à l'acte dûment constatés restaient exceptionnellement rares.

Il y avait une exception majeure à cet état de fait somme toute rassurant, les défenses antimissiles, mises en place à partir de la fin des années 1960 par l'URSS, suivie par les États-Unis, avant d'être strictement encadrées de 1972 à 2000 par le traité de Moscou. Depuis la dénonciation unilatérale de ce traité par le président George W. Bush en 2001, ces défenses qui visent à intercepter dans la haute atmosphère ou dans l'espace une attaque de missiles balistiques font l'objet d'un lourd contentieux stratégique entre les États-Unis d'une part et la Russie et la Chine d'autre part. Les premiers mettent progressivement en place un système antimissiles sous l'égide de l'Otan en Europe, avec le Japon et la Corée du Sud en Asie, censément pour faire face à la menace balistique de l'Iran et de la Corée du Nord. La Russie et la Chine partent du principe que ces projets les visent avant tout, aussi les dénoncent-elles avec constance. Cela n'empêche pas la Russie de moderniser le système antimissile protégeant Moscou depuis plusieurs décennies ou la Chine de procéder à des tirs d'essai antimissile. Par ailleurs, les Américains ont déployé des systèmes antimissiles à plus courte portée en Arabie saoudite et dans les Émirats arabes unis : leur performance contre les fusées iraniennes lancées d'Iran ou du Yémen laisse à désirer.

L'Inde travaille également sur des défenses contre des fusées pakistanaises et éventuellement chinoises. De son côté, Israël a mis en œuvre ses propres systèmes de défense de la famille « Arrow » contre les fusées lancées depuis l'Iran ou de systèmes « Iron Dome », « David's Sling » (« La fronde de David ») ou « Barak-8 » contre les engins à plus courte portée en provenance de Gaza ou du Sud-Liban. Elle en a même exporté à l'Azerbaïdjan qui s'est servi avec succès d'une batterie d'intercepteurs « Barak-8 » contre un missile russe « Iskander » lancé par l'Arménie pendant la guerre du Nagorno-Karabakh en 2020.

Rien de tout cela n'est particulièrement neuf, et si l'on doit s'inquiéter des facteurs d'instabilité qui en résultent, ce n'est pas de ce côté que naissent les menaces nouvelles les plus sérieuses.

Si l'espace risque désormais de contribuer à alimenter le risque de guerre plutôt qu'à stabiliser la situation stratégique, c'est d'abord parce que le phénomène de démocratisation et de banalisation des moyens s'y accélère, alors que la montée de la superpuissance chinoise change la donne spatiale héritée de la guerre froide.

Grâce à la miniaturisation des satellites, elle-même liée aux progrès de la numérisation, l'accès à l'espace s'est également démocratisé. Là où il fallait pendant la guerre froide un engin de la taille d'un camion pour observer la terre ou intercepter le trafic électronique, désormais on peut y arriver avec un satellite ou plus exactement avec un essaim de satellites de la taille d'une lessiveuse. Le premier coûtait des milliards de dollars, le second dix fois moins avec des capacités elles-mêmes décuplées en termes de résolution, de manœuvrabilité et de transfert de données, soit en réalité un rapport de l'ordre de un à cent... Qui dit miniaturisation dit aussi réduction radicale du coût de lancement. Pour hisser un satellite-espion de plusieurs tonnes sur orbite, il fallait compter facilement une centaine de millions d'euros ; grâce entre autres à la transformation du marché des lanceurs provoquée par les exploits d'Elon Musk, le prix du kilo placé en orbite de défilement tombe aux alentours de $10 000. Or le satellite lui-même peut désormais peser dans les dizaines de kilos seulement, certes lancé en exemplaires multiples. De surcroît, les moyens naguère très coûteux d'interprétation au sol des données recueillies par les satellites sont devenus low cost grâce aux logiciels de traitement de l'information, souvent accessibles dans le commerce à des prix compatibles avec le budget d'un ménage de classe moyenne. Une petite ONG comme Bellingcat, dont les travaux sont souvent livrés au public sur Twitter, peut faire un travail de photo-interprétation ou de reconnaissance vocale et réaliser des exploits qui étaient il y a moins de vingt ans l'exclusivité des services de renseignements les plus importants : on se souviendra de la façon dont cette équipe avait démonté pan par pan le secret dont le Kremlin avait tenté d'entourer la destruction en juillet 2014 d'un Boeing de la Malaysia Airlines avec ses deux cent quatre-vingt-dix-huit passagers au-dessus de l'Ukraine par une batterie russe de missiles sol-air « Buk ».

Dans un monde de microsatellites pesant entre 50 et 150 kilos, voire de nanosatellites de 1 à 10 kilos, et autres *cube-sats* évoluant en essaim, et dont le « produit », pour employer le vocabulaire spécialisé, peut être exploité à bas coût et éventuellement intégré à des données d'autres sources, l'espace devient à la portée de pratiquement n'importe quel pays ou groupe un tant soit peu motivé. L'affaire ne serait pas stratégiquement inquiétante si tous les acteurs trouvaient un avantage commun à ne pas s'en prendre aux moyens d'autrui. Plus le nombre de parties prenantes est élevé, plus les chances pour que cette condition puisse prévaloir sont réduites. Or les moyens de mettre un satellite hors service se démocratisent à leur tour : rien de tel qu'un satellite pour « déquiller » un autre satellite. Les « visites » plus ou moins amicales de satellites par d'autres se multiplient : même quand ces visites sont sans suite, elles portent un message clair, du style « Nous tenons à vous faire savoir que nous vous avons à l'œil, à bon entendeur… ». Quand la chose devient excessivement ostentatoire et que le satellite ainsi approché est de grande valeur stratégique, il arrive que le propriétaire de ce dernier médiatise ce harcèlement spatial. C'est ce que fit la France en 2018 après qu'un satellite russe, « Loutch » (« Rayon »), *alias* « Olimp-K », avait voulu renifler le satellite franco-italien de télécommunication « Athena-Fidus ». Bien d'autres cas existent, y compris parfois entre pays alliés : ainsi, lors la crise irakienne de 2003 pendant laquelle Paris avait dénoncé avec vigueur la politique américaine, un satellite français de la famille « Spot » avait été un peu secoué (*jilted* est le mot technique anglais) lorsqu'il passait en vue d'une station-sol américaine, rien de bien méchant, mais le signal était clair. À l'avenir, avec la multiplication des acteurs et la prolifération de leurs moyens d'intrusion et de destruction, ces cas se généraliseront et passeront inévitablement de la mauvaise manière à la brutalité malveillante.

S'y ajoute le comportement singulier d'un État, à savoir la Chine. Arrivée au rang de superpuissance, y compris dans le domaine spatial dans lequel elle est en train de dépasser la Russie, la Chine aurait pu, comme l'Union soviétique jadis, veiller avec les États-Unis à fixer la règle du jeu dans l'espace. Tel n'est pas le cas aujourd'hui, comme l'a montré dès 2007 la destruction délibérée d'un satellite chinois par une fusée chinoise, semant des débris menaçant la navigation spatiale encore de nos jours : cet « essai » relevant du vandalisme spatial a en effet fait passer le nombre d'objets en orbite autour de la terre de 8 000 à 12 000, au risque de détruire les satellites de tous types et de toutes nationalités passant dans le secteur. Cet acte irresponsable était suivi en 2010 par l'interception dans l'espace d'un missile balistique chinois par un engin également chinois. Il y a une raison pratique à ce comportement aventureux. En termes géostratégiques, l'empire terrestre chinois compte moins que l'empire maritime américain sur les moyens spatiaux pour assurer l'intégration de ses forces militaires. Cette différence devrait s'atténuer au fur et à mesure de l'extension des moyens de projection de force et de puissance de la Chine au-delà de la région Indo-Pacifique, mais pour l'heure, une asymétrie de situation existe.

Cet aventurisme de l'empire du Milieu n'est pas sans ressemblance avec celui des empires centraux d'Europe en 1914 par rapport aux puissances impériales d'Europe occidentale. Il n'est pas surprenant que dans la littérature stratégique actuelle publiée en Chine, les attaques contre les moyens spatiaux américains figurent en bonne place. Comme la neutralisation de satellites peut être sélective et que l'identification de sa cause peut poser problème, il est possible que l'espace extraterrestre soit le champ de bataille initial de toute crise majeure entre Pékin et Washington, notamment autour du sort de Taïwan.

Armes hypersoniques pour hyperpuissances ?

Nous avons écrit plus haut que le rang de grande puissance dans un monde stratégiquement plus démocratique mais aussi plus inégalitaire serait attaché au plan militaire à la possession des moyens les plus performants. Le corollaire étant que ceux qui ne parviendraient pas à s'en doter subiraient un risque de déclassement. Pendant la guerre froide et pendant les premiers temps qui l'ont suivie, cela passait par la possession d'un arsenal nucléaire, la capacité de projeter la force et la puissance à l'échelle planétaire et le statut de puissance militaire spatiale. Nous avons vu qu'au bipôle spatial américano-soviétique a succédé une présence spatiale d'une vingtaine de pays et bientôt davantage. Le nucléaire reste moins largement répandu, mais les neuf pays qui possèdent actuellement une force nucléaire, à savoir, par ordre d'accession, les États-Unis, l'URSS/Russie, le Royaume-Uni, la France, la Chine, Israël, l'Inde, le Pakistan et la Corée du Nord, ne sont pas tous égaux de ce fait. De surcroît, d'autres pays ont pendant un temps acquis l'arme nucléaire (Afrique du Sud), ou en ont été les dépositaires (Bélarus, Kazakhstan,

Ukraine), ou ont tenté à des degrés divers de l'acquérir (Suède, Brésil, Irak, Iran, Libye, Taïwan, Corée du Sud, etc.).

L'espace et l'atome demeurent sans doute des conditions nécessaires de la puissance mais sont loin d'être suffisants. Reste la projection à l'échelle mondiale des moyens militaires, qui est en l'occurrence réelle seulement pour les États-Unis, la France et le Royaume-Uni, cependant que la Chine est en train d'y arriver et que la Russie tente de la recouvrer. Ce tableau est partiellement trompeur : en réalité, il n'y a en la matière qu'un seul géant, les États-Unis, qui seront vraisemblablement rejoints par la Chine dans le courant de la décennie. Les moyens britanniques et français sont certes capables de se projeter dans les lointains, mais ils ne concernent qu'un volume de forces limité : l'opération française « Barkhane » mobilise 5 000 soldats, pas 50 000, et le volume des forces russes dans une Syrie pas si lointaine est à peine supérieur ; ensemble, le Royaume-Uni et la France disposent de trois porte-avions, pas d'une douzaine. Mais il n'y en a pas moins une vraie différence de puissance stratégique entre ces pays et ceux qui n'ont pas ou pas encore de moyens de projection lointaine. Celle-ci reste donc fortement discriminante, en partie parce qu'elle est fort coûteuse : l'unité de compte pour évaluer le coût d'investissement d'un groupe aéronaval, avec ses avions, son porte-avions et ses navires d'escorte, tourne autour de la dizaine de milliards ; l'unité de coût en opérations de « Barkhane » ou des forces russes en Syrie représente de l'ordre d'un milliard par an.

Néanmoins, d'autres pourraient accéder à ce rang, telle est clairement la volonté de l'Inde, et tel pourrait être le cas du Japon et de l'Allemagne, qui ne le souhaitent cependant pas à l'heure actuelle. Cela peut d'ailleurs changer : le Japon a mis en service l'*Izumo*, un navire présenté comme un « destroyer porte-hélicoptère », qui pourra aussi embarquer le F-35 « Lightning », le dernier-né de l'aviation de combat américaine. On n'est jamais trop prévoyant.

Un nouveau facteur discriminant est en train d'émerger, sous la forme d'armes hypervéloces, qui volent à plus de Mach 5 (c'est-à-dire cinq fois la vitesse du son, à comparer au Mach 2,1 du « Concorde »). Sans rentrer ici dans le détail technique, il suffit de noter qu'une arme hypersonique volant à Mach 10 mettrait Paris à moins de vingt minutes de Moscou. *A priori*, c'est moins révolutionnaire qu'il n'y paraît : après tout, une fusée balistique intercontinentale comme il en existe depuis plus de soixante ans fait le trajet entre le Midwest américain et la Russie centrale en une trentaine de minutes. La nouveauté des engins hypersoniques réside dans leur précision et leur manœuvrabilité, qui interdit au pays frappé de connaître la cible avant qu'elle ne soit atteinte. Un engin de ce type pourrait détruire une cible avec la même efficacité qu'une fusée balistique dotée d'une arme nucléaire, mais en étant, le cas échéant, équipée d'une charge conventionnelle, autrement dit, ce n'est pas à l'agresseur qu'incomberait la responsabilité première de franchir le seuil nucléaire.

Les pays les plus avancés en la matière sont aujourd'hui la Russie, avec les systèmes « Avangard » et « Kinzhal » qui font partie des armes du « Manège » (car faisant l'objet d'un discours et de vidéos présentés par Vladimir Poutine dans la salle du Manège près du Kremlin en mars 2018), la Chine, avec la DF-17 montrée au public en 2019 lors du défilé de commémoration du 70e anniversaire de la République populaire, et l'Amérique, qui a testé en 2020 un engin se déplaçant à Mach 17, selon un message de Donald Trump sur Twitter. Chacun de ces pays a clairement voulu montrer qu'il attachait un grand poids symbolique à ces programmes. La France est dans la course, avec notamment les essais prévus à brève échéance d'un engin expérimental, le V-Max, pour « véhicule manœuvrant expérimental ». Celui-ci et d'autres travaux préfigureraient les futurs engins de la force de dissuasion française. L'Inde, le Royaume-Uni et l'Australie sont également actifs.

La question est de savoir si cette nouvelle catégorie d'armements accroîtra ou non le risque de guerre. La réponse ne porte pas à l'optimisme. Le fait que les engins hypersoniques peuvent être à charge conventionnelle leur donne les caractéristiques d'une arme d'emploi de l'espace de bataille, or leurs effets pourront être stratégiques du fait de leur précision alliée à leur puissance de frappe. Un pays dont les œuvres vives que sont ses centres de pouvoir et ses infrastructures critiques auront été détruites pourra réagir comme s'il avait subi une frappe nucléaire. Certes, cela n'est pas nouveau en soi : dès la guerre du Golfe contre l'Irak en 1990, les missiles de croisière conventionnels américains avaient ravagé les centres politiques de la dictature baasiste. Mais cela marchait parce que l'Irak n'avait pas d'armes nucléaires. Des armes hypervéloces conventionnelles lancées contre le régime nucléaire de Pyongyang risqueraient fort d'appeler une riposte nucléaire.

Pour sa part, la Chine, tout comme l'Inde et le Pakistan, n'établissent pas une distinction claire entre ce qui relève du domaine nucléaire et ce qui est conventionnel. Cela est poussé à l'extrême avec un des derniers-nés de l'arsenal chinois, la fusée balistique DF-26 (DF comme *Dongfeng*, « Vent d'Est »). Avec 5 000 kilomètres de portée et une précision de l'ordre de 100 mètres, cet engin peut frapper non seulement les cibles fixes dans l'ensemble de la région jusqu'à Guam, la clé de voûte aéronavale américaine dans le Pacifique, mais aussi, selon les

Chinois, les porte-avions. L'engin a été conçu pour pouvoir emporter soit une ogive nucléaire, soit une charge conventionnelle, sans signes extérieurs apparents quant à leur nature. De tels vecteurs, et d'autres de plus courte portée, sont parfois stationnés sur les mêmes sites de lancement. En cas de crise, un adversaire risque de devoir partir du principe que toute attaque est *a priori* nucléaire. Cela pourrait avoir une vertu dissuasive, mais en cas de crise, le risque est que s'applique une forme catastrophique du principe de précaution : aux premiers signes de préparatifs d'une frappe ennemie, la tentation sera de tirer le premier.

Les armes hypervéloces, tout comme les missiles de croisière plus anciens, posent donc des problèmes particuliers dus au caractère ambigu quant à la nature de leur charge, tantôt nucléaire, tantôt conventionnelle. Américains et Soviétiques naguère, et la Russie aujourd'hui, sont conscients de ce type de problème et des risques supplémentaires que fait courir l'équivoque en la matière.

C'est pourquoi, depuis le début des années 1970, les accords de limitation des armements entre Washington et Moscou établissaient clairement la différence entre vecteurs stratégiques nucléaires et non nucléaires, y compris à travers des procédures d'inspection et de contrôle sur place. Cette forme d'espionnage mutuel librement consentie est hors normes, et montre combien la question est prise au sérieux. Les accords russo-américains actuels (New Start) ont été prolongés jusqu'en 2026 peu après l'élection de Joe Biden, d'ici là, d'autres accords pourraient être négociés, de manière notamment à embrasser les « armes du Manège » et leurs équivalents américains. Certes, cette forme d'entente est fragile. En 2001, les États-Unis en avaient affaibli l'un des volets en sortant unilatéralement du traité de Moscou de 1972 limitant le déploiement des armes antimissiles. En 2019, Moscou et Washington ont causé des dommages majeurs en jetant aux orties le traité interdisant les armes nucléaires à portée intermédiaire. Reste quand même en place le fondement du système de contrôle des armements que constitue le traité New START.

Avec la nouvelle superpuissance chinoise, il n'existe tout simplement aucune règle du jeu de ce type, et Pékin ne donne guère de signes de penser que ce sujet mérite attention. Aussi, les aspects *a priori* rassurants de la posture nucléaire chinoise ne suscitent pas la confiance. L'arsenal nucléaire de la Chine ne dépasserait pas celui de la France, qui ne possède pas plus de trois cents ogives nucléaires. Même en partant du principe que ces estimations concernant la Chine sont exactes, il est clair qu'elle peut sans délai multiplier son stock d'armes nucléaires. Certes, la Chine affiche, contrairement aux quatre autres puissances nucléaires « officielles » (États-Unis, Russie, Royaume-Uni, France), son engagement à ne pas ouvrir le feu nucléaire en premier contre un agresseur étranger, mais que vaut l'intention, qui est par nature invérifiable ? De plus, Pékin considère qu'elle ne s'applique pas à un conflit « intérieur », comme le serait aux yeux de Pékin la réunification par la force de Taïwan à la Chine continentale, or il s'agit là d'un foyer particulièrement inquiétant de confrontation sino-américaine.

Ceux qui misent sur la stabilité supposée absolue et immuable de la dissuasion nucléaire feraient bien d'y réfléchir à deux fois. Le fait est que l'humanité a été à deux doigts de basculer dans un holocauste nucléaire lors de la crise des fusées de Cuba. Par ailleurs, l'érosion du tabou entourant l'emploi des armes chimiques, notamment contre les populations civiles, offre une illustration de ce qui pourrait advenir dans le domaine nucléaire. Alors que la possession et l'usage des armes chimiques sont interdits par les traités, le bombardement répété des populations syriennes depuis 2013 ne suscite que des réactions limitées. Les digues morales et juridiques finissent par céder.

Ceux qui craignent une nouvelle guerre froide entre la Chine et les États-Unis ont tort : dans les circonstances énumérées plus haut, le risque est qu'elle ne soit ni froide ni limitée à des moyens dits « conventionnels ».

Vers la fin des armées bonsaï

L'ensemble de ces facteurs conduit un observateur prudent à partir du principe qu'indépendamment d'autres facteurs, la nature de la conflictualité, l'évolution de la technique, la démocratisation de la guerre et l'instabilité stratégique entre la Chine et les États-Unis mettent en cause le modèle d'armée prévalant depuis la fin de la guerre froide, avec ses effectifs et des dotations en matériel toujours plus restreints. Cette évolution était certes plus marquée en Europe du fait de la disparition de l'Empire soviétique. Dorénavant, avec l'extension du domaine de la lutte, pour détourner la formule de Michel Houellebecq, le développement d'armées plus nombreuses et plus capables que naguère et les passages à l'acte guerrier plus élevés et plus dévastateurs, ce cycle trentenaire a pris fin.

En France, la chute ininterrompue des effectifs prend fin dès le milieu des années 2010. Certes, ce coup d'arrêt fut d'abord motivé par l'urgence de la lutte antiterroriste avec les ravages du djihadisme au Moyen-Orient et au Sahel et la décision de déployer l'armée dans les rues de nos villes avec l'opération

« Sentinelle ». Il n'y a pas eu de retour en arrière pour les raisons évoquées ici : en 2021, la France, comme d'autres, modernise, diversifie et redécouvre aussi l'effet de masse. La division, grande unité militaire qui avait disparu de notre horizon de planification, revient en force dans les exercices nationaux et interalliés.

Autrement dit, il faut devenir plus lourd tout en restant agile, tout en modernisant un spectre de capacités stratégiques plus larges. Et aux guerriers « traditionnels », fussent-ils dotés d'équipements futuristes, s'ajoutent les rangs de combattants du « distanciel », des hackers aux pilotes de drones en passant par les développeurs de codes et algorithmes pour missiles et engins en tous genres. Naturellement, cela ne sera pas gratuit, le sujet des coûts étant évoqué dans notre dernier chapitre. Cependant, il faut ajouter aux facteurs belligènes déjà décrits les lourdes conséquences naissant du détricotage de l'ordre international né au lendemain de la Seconde Guerre mondiale.

CHAPITRE IV

Un monde sans loi, ou le piège de Kindleberger

Nous avons vu que certains analystes évoquent le « piège de Thucydide » pour souligner le risque de guerre entre les États-Unis et la Chine[1] : une puissance montante serait perçue par une puissance établie comme mettant en cause ses intérêts de sécurité, et *vice versa*, ouvrant un cycle d'actions et de réactions les entraînant vers une guerre devenue inévitable. « … les Athéniens, en s'accroissant, donnèrent de l'appréhension aux Lacédémoniens, les contraignant à la guerre », résumait l'historien Thucydide dans *La Guerre du Péloponnèse* il y a plus de vingt-quatre siècles. Le schéma est robuste et convaincant, et s'appliquerait à la rivalité sino-américaine.

Cependant, cette interaction binaire entre une puissance montante et une puissance déclinante ne rend pas compte des deux guerres mondiales. La Première Guerre mondiale est née du choc entre deux systèmes d'alliance dont la composition n'était pas prédéterminée dans la longue durée : le système établi

1. Notamment *Vers la Guerre. L'Amérique et la Chine dans le piège de Thucydide ?*, Graham Allison, Odile Jacob, 2019.

par Bismarck jusqu'au renvoi de ce dernier par Guillaume II empêchait toute alliance entre la Russie et la France. Une fois la guerre déclenchée, la principale puissance montante, à savoir les États-Unis, a choisi de se tenir à l'écart, et cela pendant les trois premières années de la mêlée. L'une des principales puissances établies, la Russie, s'effondre et sort de la guerre mondiale au moment où l'Amérique y entre. Ce conflit-là fut multipolaire et complexe dans ses tenants comme dans son déroulement et ses aboutissants.

La Seconde Guerre mondiale n'est pas non plus une simple illustration du piège de Thucydide. Pour que se mette en place la guerre entre les puissances de l'Axe et le reste du monde à partir de décembre 1941 et jusqu'en août 1945, il avait fallu que se mette en place un autre piège, celui dit « de Charles Kindleberger ».

Dans son livre *The World in Depression, 1929-1939* publié en 1973, ce professeur d'économie au MIT voulait démontrer que la grande crise des années 1930 était la conséquence de l'incapacité de la puissance établie, l'Empire britannique, d'exercer son hégémonie (avec la France) d'une part, et du refus de la puissance américaine montante de prendre le relais. Le désastre économique puis politique qui en a résulté a rendu possible l'arrivée au pouvoir d'Adolf Hitler en Allemagne. Dans un monde devenu apolaire, ce sont les puissances révisionnistes qui prennent par défaut le relais, débouchant en 1939 sur la création de l'Axe et la signature du pacte germano-soviétique. Il faudra attendre le retournement de l'Allemagne contre son partenaire soviétique en 1941 et l'attaque japonaise à Pearl Harbor pour rebattre les cartes, et voir les États-Unis monter en première ligne.

Mutatis mutandis, et à l'échelle régionale, nous vivons depuis 2013 une situation de ce type en Méditerranée orientale. À l'époque et jusqu'à nos jours, la puissance dominante cesse d'exercer son hégémonie, mais sans que se présente pour l'heure une puissance montante susceptible de la remplacer : la Chine, par sagesse ou indifférence, ne s'est pas encore portée volontaire dans cette zone particulièrement riche en conflits. Par défaut, d'autres s'y précipitent, telles la Russie ou la Turquie, mais dont aucun n'a la capacité d'y établir une forme d'ordre à l'échelle de la région.

Ainsi, le vide stratégique ouvert par le piège de Kindleberger à partir du krach de 1929 ne reste pas inoccupé éternellement : un prétendant crédible à l'hégémonie finit par se présenter avec la montée en puissance du Troisième Reich. Pour ceux qui analysent les relations sino-américaines, la question est de savoir si nous devrons aussi et d'abord passer par la « case Kindleberger », à la manière de ce qui se passe aujourd'hui en Méditerranée, avant qu'un ordre alternatif sino-centré ne soit prêt à prétendre à l'hégémonie. Si la réponse est affirmative, l'instabilité mondiale sera renforcée et cela au moment où la catastrophe climatique, précédée par la pandémie de Covid, menace de jouer le rôle de la grande crise des années 1930. Si la réponse est négative, les risques s'apparenteront davantage à ceux, au demeurant considérables, de la période de guerre froide.

Un étrange ordre dont nous sortons à reculons

Pour le moment, le monde ne connaît pas encore la situation d'anomie des années 1930. À la différence de ce qui se passait alors, il existe encore des éléments substantiels d'organisation du système international, à travers les institutions et les pratiques héritées d'une part de la Seconde Guerre mondiale, avec l'ONU, et de la guerre froide d'autre part, avec le système d'alliances américano-centrées en Europe et en Asie-Pacifique. Tous deux sont en crise mais ne sont pas, ou pas encore, effondrés.

Le président de Gaulle avait qualifié l'ONU de « machin » en septembre 1960 à propos de la crise au Congo fraîchement ex-belge. De même que l'on peut trouver une citation de Churchill à tout propos et hors de propos, il en allait de même du fondateur de la Vᵉ République. En réalité, peu de pays ont autant investi politiquement dans le prétendu « machin » que la France sous la Vᵉ République. Au cours du dernier demi-siècle, l'un des deux discours de politique étrangère les plus mémorables d'un haut responsable français a été prononcé en 2003 par Dominique de Villepin au Conseil de sécurité pendant la crise irakienne, l'autre étant celui de François Mitterrand au Bundestag en janvier 1983 pendant la crise des euromissiles. Notre siège de membre permanent du Conseil de sécurité est le symbole de la reconnaissance de la France comme l'un des vainqueurs de la Seconde Guerre mondiale lors de la création de l'ONU en juin 1945 ; il nous met en situation aujourd'hui d'être présents sur tous les grands dossiers internationaux.

Au-delà du cas français, le fait est que depuis sa création, l'ONU a été plus qu'un machin, ou un simple remake de la Société des nations de l'entre-deux-guerres. Certes, le Conseil de sécurité de l'ONU a connu plus de périodes de blocage que de moments d'action décisive. Pendant la guerre froide, le veto soviétique empêche le plus souvent la constitution d'une communauté internationale pour régler les problèmes stratégiques du moment. C'est ce qui se passe à nouveau depuis une décennie, avec les veto à répétition de Moscou et de Pékin contre toute tentative de porter secours au peuple syrien face aux crimes contre l'humanité commis par ses dirigeants. Le problème n'est pas seulement le fait des régimes révisionnistes. Le moment de fierté française pendant la crise irakienne en 2003 s'appuyait sur la crédibilité de la menace de Paris d'interjeter son veto contre les ambitions américaines : l'intention était louable, mais elle reposait sur le blocage d'une décision et non sur la promotion d'une alternative acceptée par le plus grand nombre.

Néanmoins, il y a eu des périodes de relative embellie, notamment pendant les vingt premières années qui ont suivi la guerre froide. Surtout, et contrairement à la situation de la Société des nations, privée dès le départ de la présence américaine et éventuellement abandonnée par les puissances de l'Axe, tous les acteurs majeurs du système international sont parties prenantes de l'ONU, et cela dans l'ensemble de ses organes. Par ailleurs, tous les pays, à l'exception notable et inadmissible de Taïwan, sont représentés à l'Assemblée générale. Le respect de la Charte de l'ONU, la reconnaissance de ses grands textes, comme la Déclaration universelle des droits de l'homme ouverte à la signature en 1948, c'est-à-dire à l'époque de Staline, tout cela relève souvent du faire semblant, mais justement, chacun se sent obligé de faire au moins semblant. Même ce sommet de la tartufferie qu'est le Conseil des droits de l'homme de l'ONU crée une obligation de justification, nonobstant la présence de porte-flambeaux de l'humanisme comme l'Arabie saoudite ou le Venezuela… Sa simple existence suffit à rappeler que les droits de l'homme ont une vocation universelle, ce qui n'est pas rien.

Par ailleurs, les agences spécialisées de l'ONU jouent un rôle majeur, dépassant souvent dans la durée celui des organes politiques que sont le Conseil de sécurité ou l'Assemblée générale : pas de mise en lumière du changement climatique il y a trente ans sans l'Organisation météorologique mondiale, pas de limitation de la prolifération des armes nucléaires sans l'Agence internationale pour l'énergie atomique, pas de victoire contre la variole ni de contrôle de l'épidémie de SRAS en 2003 sans l'Organisation mondiale de la santé, etc. La Chine ne s'y est pas trompée, et elle tente avec succès d'investir plus que sa part de postes de direction à la tête des 15 agences spécialisées de l'ONU : elle en dirige 4, ce qui la met au premier rang des États alors que sa contribution au budget général de l'ONU n'est que de 12 %, loin derrière les pays membres de l'Union européenne (24 %) et les États-Unis (22 %).

L'ensemble du système de l'ONU n'est en soi ni libéral ni démocratique : le Conseil de sécurité est discriminatoire par construction, l'Assemblée générale méconnaît le principe d'« une personne, une voix » au profit du trop fréquent « un dictateur, une voix », et les agences techniques sont technocratiques et intergouvernementales. Mais la Charte de l'ONU est compatible tant avec la démocratie qu'avec le libéralisme et, le cas échéant, avec le règne du droit qui y est d'ailleurs posé en principe. Par définition, l'ONU suppose la diversité des identités et des cultures. Libre à chacun de faire jouer son influence. En la matière, les démocraties sont nettement moins pugnaces que les autocraties en termes de valorisation de leur contribution financière, sachant que les démocraties occidentales mettent au pot plus des trois quarts du budget de l'ONU. Par ailleurs, de par leur vocation, les agences spécialisées de la famille de l'ONU supposent un certain degré d'ouverture. Sans elles, l'ensemble de règles et de régulations nécessaires à la mondialisation des échanges des dernières décennies n'aurait pu être mis en place. À ce propos, il est naturel de citer l'Organisation mondiale du commerce et le GATT, dont elle est issue. L'Organisation internationale du travail ou celles de l'aviation civile ou des télécommunications, et d'autres, ne sont pas moins importantes dans leurs domaines.

Les organismes financiers, dont principalement le Fonds monétaire international et la Banque mondiale, répondent à d'autres logiques de gouvernance qui reflètent le rôle prépondérant des puissances occidentales et à la nature dollar-centrique du système international. Cela peut susciter à juste titre la critique, mais personne n'en niera l'importance. C'est d'ailleurs dans ce domaine que se confondent le pilier onusien, universaliste, de la gouvernance mondiale et le pilier américain. Contrairement à ce qui se passe parfois pour les agences spécialisées de l'ONU, les États-Unis veillent à entretenir leur influence au sein de ces institutions financières internationales, par rapport auxquelles la Chine demeure marginalisée.

Partout ailleurs, la Chine pousse ses pions avec efficacité, comme on l'a vu pour l'Organisation mondiale de la santé tout au long de la crise de la Covid. Face à la pandémie, l'organisation genevoise n'a pas pu jouer pleinement le rôle que l'on pouvait attendre d'elle, contrairement à ce qui s'était passé face au SRAS en 2003. Il y a eu ici conjonction des désaffections : la manipulation impardonnable de la Chine, le retrait irraisonné de l'Amérique trumpienne, et l'incapacité politique des principaux donateurs occidentaux à jouer de façon convergente de leur force budgétaire pour contrer plus précocement et plus efficacement la Covid…

De manière générale, le système des Nations unies est soumis à des tensions plus difficiles à gérer que ne l'étaient les blocages liés à la confrontation bipolaire de la guerre froide. Outre des zones d'intérêts communs sur certains sujets, telle la prolifération nucléaire, l'URSS et les États-Unis avaient aussi des raisons d'attirer les États issus de la décolonisation, ce qui pouvait parfois se faire à travers le système de l'ONU qui était le lieu dans lequel l'investissement diplomatique de ces nouveaux États membres souvent faibles était le plus élevé. Ainsi, même à travers leur confrontation, les superpuissances trouvaient le moyen de participer au maintien de l'ordre onusien hérité de la victoire de 1945. Aujourd'hui, le système onusien est marginalisé par la conjonction d'une Russie disposant d'un pouvoir de perturbation mais non de proposition, d'une Amérique affaiblie concentrée sur ses problèmes intérieurs, de démocraties désunies, et d'une Chine devenue superpuissance qui n'a pas encore défini son rôle mondial, le tout sur toile de fond de puissances émergentes ou intermédiaires usant de leurs marges d'autonomie accrues.

L'ONU a toujours eu du mal à jouer un rôle d'initiateur du changement. Dorénavant, elle peine même à maintenir une forme de *statu quo*. Elle ressemble de plus en plus à la Société des nations pendant les années 1930, ce qui nous renvoie d'ailleurs à Kindleberger.

Reste l'autre grand pan qu'est dans les domaines stratégiques, politiques et idéologiques le système d'alliances constitué au début de la guerre froide en Europe et en Asie-Pacifique. Celui-ci est également entré dans une crise existentielle, et cela indépendamment même de ce qui tenait lieu de vision politique chez Donald Trump. Nous avons vu plus haut (chapitre II) que le pan le plus élaboré de ce système qu'est l'Alliance atlantique est désormais subordonné par Washington à son bras de fer avec la Chine. Cela ne sera pas forcément fatal à l'Otan qui continuera d'être utile à la stabilité stratégique européenne face à une Russie qui récuse l'ordre politique mis en place après la chute de l'Empire soviétique. Mais le soutien américain sera largement fonction de ce qui se passera avec la Chine, cependant que la place de l'Europe dans l'espace mondial ne sera plus ce qu'elle était pendant la guerre froide.

C'est en Asie-Pacifique que le système américain est le plus fragile. Le Japon, l'Australie et la Corée du Sud bénéficient du parapluie stratégique américain, mais ils ne font pas partie d'une seule alliance multilatérale de type otanien : il s'agit de trois alliances bilatérales distinctes qui ne sont point unies par le « un pour tous, tous pour un » de l'Alliance atlantique en Europe. Ces pays ont certes en partage la démocratie, et nous avons vu que les États-Unis tentent de les intégrer dans des structures plus larges, tels le « Quad » asiatique (avec l'Inde) ou un D-10 démocratique, mais il n'est pas évident que cela débouche sur une alliance de défense commune, car le risque probablement le plus important que constitue le sort de Taïwan n'est pas ou pas encore pris en compte de façon explicite par les alliés régionaux de l'Amérique. Il existe certes une part d'analogie avec l'Europe d'avant 1914 avec son trop-plein d'alliances bilatérales croisées, mais une part seulement : lorsqu'il s'agit de Taïwan, c'est davantage le vide stratégique régional qui interpelle.

Système onusien et alliances américaines restent ainsi présents, et ni l'un ni les autres ne sont sur le point de disparaître au plan mondial, même si le premier est en train de s'éroder et que les secondes courent un risque d'effondrement brutal à l'occasion d'une crise autour de Taïwan. En attendant, le piège de Kindleberger est en partie constitué par la montée de puissances intermédiaires qui sont amenées, *volens nolens*, à occuper l'espace ouvert. Ce processus opère déjà à l'échelle régionale, notamment dans les crises méditerranéennes, au cours desquelles tant l'ONU que l'Otan ont déjà été marginalisées, au profit d'acteurs comme la Russie, la Turquie, l'Égypte, les Émirats arabes unis. Même lorsque les acteurs régionaux sont membres d'une alliance, comme la Turquie, les États-Unis ou la France, ils y agissent le plus souvent pour leur propre compte.

La loi de l'expansion des gaz ne suffit pas à constituer un ordre

La Chine est une superpuissance et nous avons vu que ses ambitions sont grandes. Ces ambitions ne suffisent pas à fonder un ordre international alors même que ce dernier ne se conçoit dorénavant pas sans la Chine. Aujourd'hui, la Chine n'a pas encore mis en avant une vision stable sur ce que devrait être la gouvernance de la planète, en termes de règles comme d'organisation. À la tribune de l'ONU, Pékin, comme d'autres, soulignera son attachement au système onusien, mais comme on l'a vu, cette affection prend facilement des tours un peu envahissants, comme en témoigne l'emprise chinoise sur l'OMS avant même la pandémie de Covid. Hors des murs de l'ONU, et là encore comme bien d'autres, la Chine tournera résolument le dos au multilatéralisme onusien. De surcroît, ces variations ne paraissent pas pour le moment correspondre à une logique lisible, à la différence de ce qu'avaient pu être les approches américaines et soviétiques pendant la guerre froide.

Le problème, c'est que cette hypocrisie ou cette indétermination ont plus de conséquences pour la marche du monde que lorsqu'elles sont pratiquées par le Yémen ou le Zimbabwe.

À l'heure actuelle, il semblerait que la Chine n'ait pas, ou pas encore, fixé sa politique d'ensemble quant à la gouvernance mondiale, soit parce qu'elle n'a pas eu le temps de le faire, tant a été rapide son ascension, soit parce qu'elle ne le juge pas utile, préférant pratiquer une politique des mains libres, ou encore parce que ses instances dirigeantes sont divisées sur le sujet.

Dans la pratique, cela débouche sur une sorte d'« en même temps » dans lequel se mêlent à parts variables et ondoyantes plusieurs approches.

Tout d'abord, celle d'une Chine qui bâtirait son projet mondial de façon *ad hoc* et opportuniste, un peu à la manière du développement de l'Empire britannique de la fin du XVIIIe siècle jusqu'à la Première Guerre mondiale. La part du hasard et des occasions saisies au vol y était prépondérante, et l'image de la loi de l'expansion des gaz s'y applique assez bien. On pourra objecter qu'il y a davantage d'esprit de système dans la Chine contemporaine, comme en témoigne à partir de 2013 le projet formalisé des nouvelles routes de la soie : celui-ci structure et focalise l'expansion de la puissance mais n'indique pas pour autant le contenu que la Chine lui donnera en termes de gouvernance globale. À certains égards, le projet des routes de la soie, avec son mélange de public et de privé, et de par sa vocation censément économique et commerciale plutôt que stratégique et politique, se compare au vecteur d'influence britannique qu'avait été la Compagnie des Indes orientales dans la constitution de l'empire des Indes. Il avait fallu attendre 1857 et la révolte des cipayes pour que Londres colonise directement l'Inde plutôt que de continuer à la livrer à la prédation des actionnaires de la East India Company.

Pendant la plus grande partie du XIXe siècle, la Royal Navy avait seule au monde la capacité d'assurer la maîtrise des mers à l'échelle de la planète et, par ricochet, la liberté de navigation au bénéfice de l'ensemble des États. Si les mobiles de l'Empire britannique n'étaient pas principalement altruistes, sa primauté navale s'assortissait d'un bien public d'usage général : la répression de la piraterie, l'interdiction en liaison avec la France, de la traite négrière, l'établissement d'un réseau universel de ports de ravitaillement charbonnier et la mise en place de câbles télégraphiques sous-marins dans tous les océans créaient un ordre dont le bénéfice dépassait les seuls intérêts d'un empire par ailleurs volontiers prédateur. La Chine n'en est pas là, malgré les effets d'annonce soulignant le caractère prétendument « gagnant-gagnant » des nouvelles routes de la soie.

Un remake au moins implicite du modèle de l'empire du Milieu entouré de royaumes tributaires figure également dans la panoplie chinoise. Tout en notant que le terme « royaumes tributaires » ne figure guère dans les documents d'archives de l'Empire céleste, le fait est que ce dernier se vivait bien comme étant d'une espèce singulière, et cette habitude-là ne s'est pas perdue. La manière dont la Chine prend sous son aile les pays les plus vulnérables de sa périphérie, comme le Cambodge ou le Laos, renvoie à des pratiques anciennes. Cela ressemble certes aux pratiques de bien d'autres empires, à la manière de la sphère de coprospérité japonaise des années 1940 ou de « l'arrière-cour » latino-américaine que dominaient les États-Unis à l'ombre de la déclaration Monroe. Le tout se combine avec une bonne dose de *divide ut regere* hérité des Romains et que les Britanniques qualifiaient de *divide and rule*, ou à l'instar de notre « diviser pour régner », opposant par exemple Arabes et Berbères en Afrique du Nord. On notera au passage que le rappel à l'Empire romain vaut aussi pour son approche privative de la Méditerranée, traitée en *Mare nostrum* tout comme l'est la mer de Chine du Sud par Pékin aujourd'hui.

Les autres empires ont disparu, même si leur ombre portée subsiste. Même la superpuissance américaine n'a pu préserver son arrière-cour contre les barbudos cubains et autres sandinistes. Et le droit de la mer n'existait pas du temps des Romains.

La Chine a pris le relais, mais pour faire quoi ? Le modèle historique de l'empire du Milieu était d'application régionale et non planétaire. Cette approche ne saurait constituer à elle seule une alternative au système international hérité de la Seconde Guerre mondiale.

La notion d'un monde polarisé autour du binôme américano-chinois est d'une autre envergure, et aurait, le cas échéant, une application planétaire. Le projet reposerait sur la confrontation, et c'est cette perspective qui domine les débats, avec notamment le rappel au piège de Thucydide, y compris parfois par les Chinois eux-mêmes. Historiquement, le monde bipolaire de la guerre froide en fournit le précédent le plus achevé : deux superpuissances, chacune porteuse d'un projet mondial, des alliés ou des satellites gravitant autour de Washington et de Moscou, et un nombre important de pays sujets aux luttes d'influence des deux camps, avec une autonomie stratégique faible, le tout avec une armature commune fournie par un système multilatéral onusien faible mais universel.

Ce schéma n'est pas, ou pas encore, d'actualité à l'échelle mondiale pour deux raisons principales. D'une part, la Chine n'a pas, ou pas encore, cherché à constituer un cercle permanent d'alliés dont le sort stratégique serait lié au sien : seul le Pakistan répond peu ou prou à cette description. Ce sera peut-être le cas demain de l'Afghanistan après le départ des Occidentaux. Des pays tributaires comme le Cambodge ou le Laos, ou des partenaires stratégiques, comme la Russie, n'en tiennent pas lieu, ce qui n'est pas une façon de nier l'importance du lien entre Moscou et Pékin évoqué plus bas. D'autre part, nous avons vu que la « classe moyenne » des nations a des marges de manœuvre substantielles par rapport à chacune des superpuissances.

La confrontation sino-américaine ne structure pas aujourd'hui le système international sur le mode de la confrontation Est-Ouest pendant la guerre froide.

Un autre schéma bipolaire est théoriquement imaginable entre la Chine et les États-Unis, celui que Zbigniew Brzezinski avait qualifié de G-2 pendant la grande crise financière de 2008-2009, et qui gérerait la planète à la manière d'un condominium. Les modèles putatifs ici sont aussi nombreux que fugaces. Le pacte germano-soviétique en est un, tout comme l'étaient les accords de Yalta dans la version fantasmée par les Français qui n'y avaient pas été conviés, ou encore la brève période de détente entre Nixon et Brejnev. L'idée d'un G-2 reposait pendant la crise financière sur une réalité éphémère.

La part du réel était la coopération active et efficace de la Chine aux mesures d'urgence permettant d'éviter que la grande crise financière ne se transforme en version 2.0 de la dépression des années 1930. L'illusion occidentale était de croire que faute de devenir une démocratie, la Chine deviendrait une *partie prenante responsable*, de l'ordre mondial existant, un *responsible stakeholder*, pour reprendre la formule américaine de l'époque.

Il est vrai que le piège de Kindleberger avait pu être évité en 2008-2009 : l'Amérique était alors capable et désireuse d'exercer son leadership financier mondial et la Chine, ne s'estimant pas encore de taille à rivaliser, avait choisi de montrer ce qu'elle savait faire. L'expérience avait d'ailleurs montré que ce n'était pas rien, avec un plan de relance chinois sans équivalent à l'époque, mobilisant 6 % du PIB.

Cette forme de coopération active n'a plus cours, comme nous l'enseigne la gestion divergente de la pandémie, et ces espoirs ne sont plus qu'un souvenir lointain.

Enfin, la Chine pourrait choisir de jouer à fond la carte de l'exemplarité multilatérale, en misant à fond sur le système onusien. Au-delà des discours multilatéralistes de rigueur, il y a certes des signes que la Chine veut augmenter son investissement dans la famille onusienne et influencer ses choix. Elle brigue et obtient de nombreux postes de direction dans le système. L'armée chinoise participe activement à de nombreuses opérations de « casques bleus » dans les zones de conflit. Cela ressemble cependant plus à de l'apprentissage ou l'instrumentalisation qu'à une tentative de mettre en avant un projet de gouvernance. Depuis que la Chine a abandonné la discrétion stratégique prônée par Deng Xiaoping, aucune grande initiative multilatérale soumise aux Nations unies n'a porté l'estampille de Pékin. Depuis le début du siècle, c'est la France, avec d'autres, qui a porté les accords de Paris sur le changement climatique, c'est l'Amérique qui avait joué un rôle aussi important qu'inattendu, car il s'agissait de George W. Bush, dans la fixation des objectifs dits « du millénaire » en matière de développement économique et social. La Chine est une « force qui va », qui n'a visiblement pas de contribution multilatérale à faire, dépassant la défense étroite de ses intérêts idéologiques et matériels. Ce n'est pas un crime, mais cela laisse ouverte la question de ce que pourrait être une gouvernance avec des caractéristiques chinoises.

L'incertitude et l'instabilité ne sont pas les meilleures compagnes de la paix. Cela vaut *a fortiori* quand il n'existe pas par ailleurs ni accord ni stabilité quant aux règles du jeu international censées régir le système international. Cette affirmation n'est certes pas contestée par la Chine (tout comme la Russie), qui fait une lecture sélective, très westphalienne, de la Charte de l'ONU, qui s'oppose clairement aux positions prises par les démocraties occidentales. Pékin et Moscou disent en substance que ce qui se passe à l'intérieur des frontières d'un État quelconque ne regarde personne d'autre : la Syrie peut, sans avoir à rendre de compte, procéder au massacre d'un dixième de sa population, en priver la moitié de son toit, et en chasser un tiers sur les routes de l'exil, tout comme la Chine peut enfermer un million de Ouïghours du Xinjiang dans des camps de concentration. Ni la Charte, ni les conventions internationales signées par la plupart des membres de l'ONU, dont la Déclaration universelle des droits de l'homme, n'établissent un principe de non-ingérence aussi caricatural.

Dans cette vision du monde, il finit par ne plus y avoir de frein aux pires dérives. Depuis plusieurs siècles, les États mêmes les plus soucieux de leurs prérogatives s'étaient au moins accordés sur la mise hors la loi de la piraterie. À l'orée du XXIe siècle, il n'y avait guère que les terroristes qui se livraient à cette version moderne de la piraterie que sont en temps de paix les détournements d'avions. Depuis que le chef de l'État de la Bélarus s'y est livré, nous savons que tel n'est plus le cas, d'autant que la Russie voisine n'a rien trouvé à y redire. Le monde des autocrates modernes renvoie à la phrase d'Alphonse Allais : « Une fois qu'on a dépassé les bornes, il n'y a plus de limites. »

Les démocraties occidentales soutiennent un point de vue différent de celui de la Chine et de la Russie. Le désaccord est patent et apparemment clair. Ce désaccord pourrait, comme le suggère le président Biden, constituer une ligne de partage à la fois idéologique, politique et stratégique. On pourrait le regretter, mais à première vue, la césure ne serait pas forcément déstabilisante, tout comme la distinction entre le camp soviétique et le camp occidental structurait l'ordre bipolaire de la guerre froide.

Le désaccord est certes clair, mais il est surtout déstabilisant. Un ordre international ne peut pas se fonder sur ce qui revient à établir une société protectrice des dictateurs et des kleptocrates. D'une part, chacune des autocraties ne cesse pas d'avoir des intérêts, le cas échéant, fortement divergents par rapport à ceux de ses voisins et concurrents. Les aspirations d'un Erdogan ne se confondent pas avec celles d'un Mohammed bin Salman, comme on l'a vu pendant et après le dépeçage de Jamal Khashoggi au consulat général d'Arabie saoudite à Istanbul. De la même façon, on ne bâtit pas un ordre sur le seul constat que certains régimes emploient plus volontiers la force que d'autres : si cette propension demeure le seul ciment entre la Russie de Poutine et la Turquie d'Erdogan, il y a de fortes chances pour que la stabilité stratégique ne soit pas au rendez-vous. D'autre part, les peuples ont la fâcheuse manie de s'exprimer par la violence lorsque l'expression démocratique leur est interdite. Le tout forme un cocktail détonant.

À l'époque de la guerre froide, l'organisation du système international ne se résumait pas à la césure entre les autocrates et les autres. Les Occidentaux et les Soviétiques avaient des projets et des politiques qui dépassaient la seule défense du droit des dictateurs d'opprimer leurs peuples. Au XXIe siècle, la Chine et la Russie n'offrent que cela.

Pour le moment, la Chine paraît moins intéressée par la transformation du système international que par son instrumentalisation. C'est une longue période de désordre qui se profile davantage qu'une tentative d'organisation du système international, donc Kindleberger plutôt que Thucydide. Mais dans les deux cas, le risque de guerre est malheureusement au rendez-vous, tantôt sur le modèle de la « lutte de tous contre tous » de Hobbes, tantôt sur le schéma de la confrontation entre deux hégémonies dépouillées en grande partie des disciplines qui avaient permis à la guerre froide de ne pas déboucher sur une nouvelle guerre mondiale.

Le facteur russe

À ces nombreux facteurs d'instabilité qui facilitent le recours à la force s'ajoute la question du partenariat stratégique entre la

Chine et la Russie, qui a commencé à se mettre en place depuis une vingtaine d'années. Que la superpuissance chinoise et l'héritière de l'URSS soit engagée dans une relation durable et à spectre large pourrait être un gage de stabilité dans un monde qui en manque par ailleurs. Si un certain nombre d'analystes et de responsables politiques, dont apparemment le président Macron, tiennent ce partenariat pour précaire et révocable, tel n'est pas le point de vue exprimé ici. Le rapprochement entre les deux pays repose sur une convergence forte d'intérêts. Grâce à cette relation, la Chine n'a pas à se soucier d'un éventuel basculement stratégique de la Russie vers les États-Unis monnayé, le cas échéant, par des concessions américaines au détriment de ses partenaires européens. Seuls ceux qui oublient les voyages de Ribbentrop à Moscou ou de Nixon à Pékin peuvent tenir l'hypothèse d'un retournement géopolitique russe comme trop improbable pour que l'on puisse s'y attarder. Les dirigeants russes et chinois connaissent leur histoire ancienne et moderne. La Chine, qui n'a pas fait la guerre depuis 1979 et dont les besoins en énergie sont importants, trouve en Russie l'accès au savoir-faire militaire, aux armements et au gaz de Sibérie. Du côté russe, le partenariat apporte la tranquillité le long de l'immense frontière avec la Chine. Personne à Pékin ou à Moscou n'a oublié les heurts le long de l'Oussouri en 1969, ni perdu de vue que la frontière dessinée au milieu de XIXe siècle avait été largement imposée par les tsars. Enfin, ensemble, les deux puissances organisent sans violence leur *modus vivendi* en Asie centrale.

On notera qu'aucun de ces facteurs de rapprochement ne dépend de la politique des Européens, contrairement à l'illusion fort répandue à Paris selon laquelle il suffirait de manifester davantage d'esprit d'ouverture vis-à-vis de la Russie pour détacher celle-ci de ce qu'Emmanuel Macron considère comme une « alliance » russo-chinoise.

Or il ne s'agit pas d'une alliance : la Chine n'a pas promis son soutien à la Russie lors de ses guerres avec la Géorgie ou en Ukraine. La Chine a d'ailleurs refusé de reconnaître les prétendues républiques d'Ossétie du Sud et d'Abkhazie, et a exprimé son trouble vis-à-vis de l'annexion de la Crimée : nous avons vu que la Chine n'aime pas les changements de frontières. La Russie, de son côté, ne prend pas fait et cause pour la Chine contre le Vietnam en mer de Chine du Sud. Ce simple énoncé montre combien serait fragile une alliance en bonne et due forme entre Pékin et Moscou. C'est précisément parce qu'il ne s'agit pas d'une alliance que le partenariat est solide. Au-delà de l'énumération des intérêts qui en découlent pour les deux partenaires, la ligne de résultat pour eux est que leurs accords leur laissent les mains libres pour poursuivre leurs objectifs chacun de leur côté. La Russie peut continuer à travailler avec le Vietnam, la Chine peut investir en Ukraine, notamment dans les infrastructures portuaires, tout en participant ensemble à des exercices militaires communs en mer Baltique comme en mer de Chine du Sud. C'est la souplesse du partenariat : ce menu à la carte stratégique lui donne de la résilience. C'est moins qu'une alliance, mais plus qu'un simple pacte de non-agression.

Reste l'argument selon lequel la disproportion entre les deux pays condamne le partenariat à l'éclatement. Après tout, la Russie, ce n'est que le dixième de la population, le huitième du PIB et le tiers des dépenses militaires de la Chine : comment un attelage aussi inégal ne serait-il pas condamné ? L'argument se retourne : la Chine n'a pas à craindre la Russie, comme cela avait été le cas en 1969 face aux forces soviétiques aux frontières de la Mandchourie. La Russie, forte de son arsenal nucléaire, sait qu'elle n'a pas non plus à craindre une attaque chinoise en Sibérie qui distrairait la Chine de sa compétition stratégique avec les États-Unis en Asie-Pacifique, région nettement plus importante aux yeux de Pékin. Il faudrait une maladresse extrême, par exemple en Asie centrale, pour amener la Chine et Pékin à passer de la coopération à la confrontation. Le déséquilibre même entre les puissances rend le partenariat plus stable…

Malheureusement, la stabilité du monde n'y trouve pas son compte. Une Russie avec les mains libres à l'ouest peut intervenir plus aisément, à la manière de ses opérations en Ukraine en 2014 ou en Syrie en 2015. Elle le fait par ailleurs de manière encore plus agressive qu'au plus fort de la guerre froide : à l'espionnage ou aux opérations d'influence somme toute classiques s'ajoutent désormais les tentatives d'assassinat, le cas échéant à l'arme chimique, et les sabotages, comme la destruction de dépôts de munitions en Tchéquie.

De son côté, une Chine qui n'a pas besoin de regarder par-dessus son épaule en termes stratégiques peut consacrer toute son énergie à la réalisation de ses objectifs stratégiques dans le Pacifique et au-delà.

La même remarque vaut *mutatis mutandis* pour l'étrange et déstabilisant « couple conflictuel » russo-turc. Moscou et Ankara ne poursuivent assurément pas les mêmes objectifs régionaux : la Russie bloque l'avance des forces azéro-turques contre l'Arménie, soutient Haftar en Libye et protège le régime de Bachar al-Assad pendant que la Turquie aide l'Azerbaïdjan, lutte contre Haftar et garantit la sécurité des dernières poches rebelles en Syrie. Cela ne les empêche pas de se faire la courte échelle en évinçant ou en marginalisant les autres acteurs. Ils ne sont d'accord sur rien ou pas grand-chose, mais ils partagent un intérêt commun lorsqu'il s'agit de sortir les Occidentaux du jeu. Le fait que les autocrates qui gouvernent la Turquie et la Russie sont également prompts à recourir à la force crée sans doute un lien.

Ainsi la France, avec son importante diaspora arménienne, et les Occidentaux de manière générale sont désormais rejetés aux marges du conflit arménien. En Syrie, ce sont les Russes et les Turcs qui dominent le paysage stratégique, alors que les Iraniens pro-Bachar et les Saoudiens prorebelles et la coalition multinationale anti-Daech conduite par les Américains pèsent moins qu'avant. Il n'y a qu'en Libye que le système atteint peut-être ses limites, ni Haftar ni Sarraj ne parvenant à prendre le pouvoir lorsqu'un cessez-le-feu précaire s'établit à l'été 2020. Le fait que les protagonistes soient de force et d'ambitions inégales n'empêche pas le couple russo-turc de fonctionner, ce qui le fait ressembler dans ses effets stratégiques à une version moins paisible du partenariat stratégique sino-russe.

Cette Russie est par ailleurs en train de s'acheminer vers une crise de succession plus ou moins longue liée à l'état de santé et à l'âge de Vladimir Poutine, qui aura 70 ans en 2022. Certes, il s'est donné les moyens constitutionnels d'occuper la présidence jusqu'en 2036 : on notera au passage que c'est à peu près le même horizon que celui que se donne Xi Jinping, les deux hommes ayant le même âge à huit mois près. Cependant, il se murmure à tort ou à raison que l'état de santé du Président russe ne serait pas à la hauteur de l'image qu'il se plaît à donner de lui-même, torse nu à cheval, pilotant un ULM en compagnie d'oiseaux migrateurs ou batifolant avec un ours de Sibérie.

Cette perception d'un déclin influe déjà sur les comportements. Les éventuels prétendants au pouvoir ajusteront leurs actions intérieures et extérieures en fonction de leur impact sur l'issue de la lutte pour le pouvoir. L'incertitude et l'instabilité s'en trouveront accrues, avec des prises de risque par chacun des protagonistes pouvant aller au-delà du révisionnisme certes agressif et opportuniste mais aussi très calibré du président Poutine.

Guerres du climat, climat de guerres

Cela fera bientôt trente ans que le changement climatique est devenu un sujet majeur des relations internationales avec la conférence de Rio de Janeiro en 1992. Son importance s'est accrue au fil des ans, les accords internationaux successifs (Kyoto 1997, Paris 2016), les rapports de plus en plus inquiétants du Groupe d'experts international sur l'évolution du climat (GIEC), le rythme croissant des désastres naturels de tous ordres ne faisant que souligner l'insuffisance de la réponse de l'humanité face aux dérèglements qu'elle a provoqués. Aussi n'y a-t-il pas lieu d'être surpris que le changement climatique suscite des prévisions guerrières. En bouleversant les équilibres agricoles et hydriques, le changement climatique accélère l'urbanisation de la planète tout en accentuant l'émigration des populations. Là où il ne cause pas directement des conflits, il les aggrave.

Tout cela est malheureusement exact, et est appelé à s'accentuer étant donné la vitesse acquise par le processus de réchauffement : atteindre la neutralité carbone en 2050 comme ont décidé de le faire les membres de l'Union européenne est un objectif louable et ambitieux, cependant que la Chine vise 2060. Mais la neutralité carbone est une condition nécessaire et non suffisante de la lutte contre le réchauffement climatique : pour atteindre les objectifs des accords de Paris, il faudra réduire, et non stabiliser, le stock de gaz à effet de serre accumulé dans l'atmosphère à son niveau d'avant le décollage de la mondialisation. Contrairement à une idée largement répandue, le réchauffement n'est pas pour l'essentiel un héritage de la Révolution industrielle à partir de la fin du XVIIIe siècle, donc fondamentalement imputable de longue date aux pays occidentaux industrialisés. En somme, les pays émergents seraient priés de modérer leurs rejets, payant ainsi le prix des péchés commis par les Occidentaux. En fait, l'essentiel des émissions de gaz à effet de serre a eu lieu à partir du milieu du XXe siècle, passant d'un stock de 5 milliards de tonnes à 36 milliards à la veille de la pandémie, soit une multiplication par plus de 7, correspondant en grande partie à l'industrialisation de l'URSS puis de la Chine et de l'Inde. À la veille de la pandémie, la teneur de CO_2 dans l'atmosphère était de 418 parties pour un million, contre 352 à la veille de la conférence de Rio il y a trente ans, soit une augmentation de 20 %. Ce gaz séjourne ensuite un bon siècle dans l'atmosphère…

La même observation vaut *mutatis mutandis* pour cet autre gaz à effet de serre qu'est le méthane, vingt-cinq fois plus puissant que le gaz carbonique mais dont le temps de séjour dans l'atmosphère est de l'ordre d'une douzaine d'années.

La vraie difficulté, ce sera d'obtenir que les sacrifices correspondants soient faits, alors qu'ils dépasseront et de loin tout ce qui a été jusqu'à présent consenti ou même simplement envisagé par la plupart des États de la planète.

Dans les toutes prochaines décennies, voire d'ici 2030, des millions de personnes auront été chassées des villes côtières par la multiplication des phénomènes météorologiques extrêmes dont l'ouragan Katrina en 2005 a été la préfiguration. La Nouvelle-Orléans ne s'en est d'ailleurs pas remise. La Chine et les États-Unis y sont particulièrement exposés, comme le sont d'autres pays à forte population côtière, tels le Bangladesh ou l'Indonésie. Des dizaines de millions de personnes devront leur vie à la fuite dans la plaine indo-gangétique et en Mésopotamie lorsque l'élévation de la température et de l'humidité l'été franchira le seuil qui ne permet plus la survie des êtres humains, sauf à vivre enfermés dans l'angoisse que la climatisation tombe en panne. Pour ceux qui s'imaginent qu'il s'agit là d'un scénario catastrophe dont le risque d'occurrence est aussi lointain que peu vraisemblable, rappelons que des telles températures et les taux d'humidité associés sont désormais atteints ponctuellement depuis quelques années : ce que l'on appelle la « température critique » dite « du bulbe mouillé » à 35 °C/100 % d'humidité a été atteint récemment dans les États indiens du Bihar et d'une partie du Maharashtra (215 millions d'habitants au total). Cela n'a rien à voir avec les « ressentis » évoqués par la météo nationale : une fois franchi le seuil évoqué ici, l'être humain meurt au bout de quelques heures s'il ne parvient pas à trouver refuge dans un air plus frais ou plus sec.

Il est fort à parier que dans de tels scénarios, l'on franchira le seuil du traitement diplomatique des différends entre les États concernant le changement climatique : la menace du recours à la force sera au rendez-vous. Lorsque la Chine promet la neutralité carbone d'ici 2060, elle ne se prive pas pour autant d'exporter par dizaines les centrales électriques au charbon, le plus polluant et, sans jeu de mots, le plus carboné des combustibles : cela ne rentre pas dans son bilan carbone national. D'ailleurs, l'objectif de la neutralité carbone dans quatre décennies est précédé par une autre décision chinoise, celle de continuer à augmenter les émissions de gaz à effet de serre jusqu'en 2030. Ainsi, la Chine, qui est depuis 2006 le premier pays en matière de rejets de CO_2 et dont les rejets ont été multipliés par près de quatre entre 1990 et 2019, augmente encore sa contribution au réchauffement climatique. Cela fait évidemment désordre par rapport à l'Union européenne (Royaume-Uni compris), dont les rejets ont baissé d'un quart depuis 1990... Même les États-Unis de Trump avaient réduit leurs émissions de gaz à effet de serre au cours des dernières années. Ces efforts sont au demeurant insuffisants, mais la Chine, pour sa part, n'en fournit guère au global, au contraire, elle continue de charger la barque. Certes, elle investit fortement dans les renouvelables et le nucléaire, mais cela ne pèse pas autant que sa dépendance massive par rapport aux énergies fossiles. Ses belles voitures électriques roulent surtout avec de l'électricité hypercarbonée produite dans des centrales bien polluantes au charbon extrait par des mineurs qui meurent dans des coups de grisou à la « Germinal ».

Il deviendra de moins en moins supportable de voir la Chine continuer à pomper du CO_2 dans une atmosphère de plus en plus chaude pendant que les Européens, entre autres, réduisent péniblement depuis trois décennies leurs rejets. L'air du temps politique et stratégique s'échauffe à son tour.

Ainsi, dans les prochaines décennies, le changement climatique alimentera la conflictualité à tous les niveaux, dès aujourd'hui en attisant les luttes urbaines et rurales ou en accroissant les flux de réfugiés, et par la suite entre les États, quand ils estimeront ne pas pouvoir obtenir une modération des politiques climatiques des autres pays par des voies pacifiques.

CHAPITRE V

L'Europe déboussolée

La pandémie a frappé la planète tout entière (chapitre I). Certes, des produits et services directement liés à la corona-crise en ont bénéficié, telles les activités en ligne de tous ordres. Cependant, aucune région ne voudrait revivre une année comme 2020, même si certaines ont été moins éprouvées que d'autres. Il en est ainsi de la grande région Asie-Pacifique, et cela dictatures et démocraties confondues. Cet espace regroupe un gros quart de la population mondiale et un tiers de l'activité économique de la planète. Puis il y a ceux qui sortent de la pandémie avant d'autres, avec la perspective de surfer sur la forte reprise économique qui succède après plus d'un an de crise de la production et de la consommation : tel est le cas en Asie-Pacifique mais aussi aux États-Unis. Nonobstant une gestion sanitaire désastreuse, avec plus de 600 000 morts, ceux-ci ont mené une campagne vaccinale foudroyante et ils récolteront les fruits économiques d'une reprise dopée par les $1 900 milliards du plan de relance adopté en mars 2021, suivi par le plan Biden de modernisation des infrastructures.

L'Europe ne fait partie d'aucun de ces deux groupes. Collectivement, le bilan humain de la Covid n'a pas été aussi mauvais qu'aux États-Unis, avec 1 669 décès pour 1 million d'habitants dans l'Union européenne contre 1 893 en Amérique à la fin juillet 2021. Cependant, le choc économique en 2020 a été notablement plus dur en Europe, avec –7,1 % de chute du PIB pour la zone euro contre –3,5 % dans le pays du dollar en 2020. Pis encore, la sortie de pandémie dans l'Union européenne a été reportée de deux mois environ par rapport aux États-Unis du fait d'une politique vaccinale tardive : au banquet de la reprise, les premières places sont déjà prises, par la Chine d'abord, les États-Unis ensuite. Si l'on s'en tient à ces seuls indicateurs de performance comparée, seule l'Amérique latine a fait pire. Ce n'est pas ce que l'on pouvait légitimement attendre des Européens avec leurs excellents systèmes de santé, leurs atouts dans le domaine scientifique et pharmaceutique, et la puissance de feu économique et financière du marché unique et de la zone euro. Il y a donc urgence à comprendre comment nous en sommes arrivés là, sinon il y a fort à craindre que d'autres crises, notamment climatiques et guerrières, ne conduisent à d'autres désastres. Se lamenter sur ce déclassement ne saurait tenir lieu de politique.

Aussi, des réponses doivent être apportées à trois questions liées entre elles. Dans quelle mesure notre contre-performance est-elle le fruit des conditions particulières de la pandémie dans nos régions ? Ou est-elle principalement le produit de politiques nationales qui auraient produit séparément les mêmes échecs ? Ou faut-il d'abord incriminer la construction collective qu'est l'Union européenne ?

Il ne suffit pas de répéter *ad libitum* que sans l'existence de l'Union, le résultat aurait été encore plus mauvais, sur le thème du « c'est pas plus mal que si c'était pire » du regretté Coluche, formule que ce dernier appliquait d'ailleurs à la France.

Bien que cette analyse concerne en première instance la crise pandémique, ses conclusions ont des conséquences directes sur la situation générale du projet européen comme sur les perspectives de paix et de guerre.

Règlement de comptes à Covid corral

L'Europe a souffert plus que d'autres de la Covid en partie du fait de son ouverture sans égale au monde. Certes, le fait d'avoir une population âgée a joué, mais guère plus qu'en Amérique du Nord ou en Asie orientale : la Chine, le Japon, la Corée, etc. ont un profil démographique voisin du nôtre. Si notre continent n'est plus le pivot de l'économie mondiale, il reste le premier des carrefours d'échanges de biens et de personnes au monde. L'Union européenne, avec son marché unique, est le premier pôle commercial de la planète, et l'Europe dans son ensemble reste de loin la première destination touristique. Sur les dix premiers pays de destination touristique, six sont européens, sept si l'on compte la Turquie dont le principal point d'entrée, Istanbul, se trouve en Europe. Dans la mesure où le virus voyage avec des hôtes humains, cette exposition exceptionnelle au monde extérieur a vraisemblablement joué un rôle, du moins dans la diffusion de la première vague de la pandémie : aussi est-ce sans surprises que l'on constate que les quatre premières destinations touristiques européennes que sont l'Italie, le Royaume-Uni, l'Espagne et la

France prennent la Covid de plein fouet en mars-avril 2020. Mais ce facteur a rapidement cessé de peser, les premières restrictions importantes aux voyages internationaux intervenant dès février, d'abord à l'encontre des vols en provenance de Chine, puis de proche en proche à l'ensemble du trafic international, notamment avec l'Amérique du Nord.

L'argument de l'ouverture particulière de l'Europe au monde peut expliquer pour partie le choc des premières semaines, mais pas la suite, et notamment pas la deuxième vague, plus meurtrière que la première.

Par ailleurs, rien ne permet de penser que l'Europe ait souffert davantage que les autres continents du fait d'une virulence ou d'une transmissibilité hors normes du SARS-CoV-2, une fois celui-ci sorti de Chine. Il faudra attendre l'automne 2020 pour qu'apparaissent les variants anglais, puis brésiliens, sud-africains, indiens, etc. Ce phénomène a concerné l'ensemble de la planète.

Ainsi, les conditions particulières à l'Europe sont pratiquement nulles au plan viral et limitées dans le temps et dans l'espace en ce qui concerne l'ouverture singulière de notre continent au monde. Il faut donc chercher ailleurs les raisons de cet échec européen, soit du côté des politiques nationales, soit du côté de « Bruxelles ».

Au plan sanitaire, les politiques nationales ont été assez fortement contrastées dans leurs principes mais assez voisines dans leurs effets. Au plan économique, c'est en quelque sorte le contraire : elles ont été voisines dans leurs principes mais différenciées dans leurs effets. Ce double paradoxe mérite explication. Certains pays ont confiné durement (Espagne, Italie, France), et un, la Suède, pas du tout. Certains ont privilégié de façon précoce les tests et le traçage systématiques, comme l'Allemagne. D'autres, comme la France, ne l'ont fait que lorsque l'exercice du traçage était vidé de son sens du fait de l'explosion du nombre de cas. Un seul, le Royaume-Uni, a pratiqué systématiquement le séquençage génomique du virus. Du coup, le gouvernement britannique a imposé le 4 janvier 2021 un confinement rigoureux qui freinera la pandémie avant même que l'effet de la campagne de vaccination ne commence à avoir un effet statistique notable. D'autres ne l'ont fait que quand il n'était plus temps de bloquer le variant anglais.

Pourtant, tous les pays nommément cités dans le paragraphe précédent ont fini avec des bilans humains relativement voisins, ce qui rend modeste quant à l'analyse de l'efficacité comparée des politiques publiques : pour l'essentiel, ce travail-là reste à faire. Ce qui ressort à ce stade, c'est que la précocité des mesures (de tests ou de confinement et autres barrières physiques) a permis des résultats moins mauvais que celles pratiquées avec retard ou pas du tout.

À l'orée de l'été 2021, 29 pays européens sur 39 (Russie, Turquie et micro-États exclus) avaient des taux de mortalité supérieurs à 1 000 pour 1 million d'habitants. Parmi ceux-ci, 11 pays dépassaient le seuil de 2 000 pour 1 million (Hongrie, Bosnie, Bulgarie, République tchèque, Macédoine, Monténégro, Italie, Belgique, Slovaquie, Slovénie, Croatie). Seuls 5 pays (Finlande, Danemark, Norvège, Islande, Chypre) étaient à moins de 500 pour 1 000, soit moins que la moyenne mondiale telle qu'elle ressort des chiffres de l'OMS : ces pays avaient brillé par la précocité et la constance des mesures de séparation physique et/ou de traçage.

Le fait d'être ou de ne pas être membre de l'Union européenne semble ne pas avoir été un facteur discriminant en ce qui concerne la mortalité, du moins jusqu'au moment où les campagnes de vaccination commencent à avoir un effet statistique notable au printemps 2021. Cela a été vrai pour le meilleur et pour le pire : l'Islande, hors UE, et Chypre, membre de l'Union, ont un excellent bilan, avec respectivement 30 et 374 décès au début de l'été 2021 ; le Royaume-Uni, sortie de l'Union, et l'Italie européenne pleurent un nombre comparable et considérable de morts.

Dans le domaine économique, le consensus, en Europe comme ailleurs, a été quasi immédiat en faveur de mesures de soutien aux personnes et à l'activité. Les effets ont différé principalement du fait que la capacité de traduire ces intentions en monnaie sonnante et trébuchante a fortement varié entre les nantis et les pays défavorisés (chapitre I), indépendamment de leur appartenance ou non à l'Union européenne. Cependant, la dureté des mesures anti-Covid et notamment les confinements complets ont aussi pesé tout comme a pu jouer l'impact direct de la maladie, sans que le niveau ou le sens du lien de causalité de chacun de ces deux facteurs puisse être aisément évalué : dans la Lombardie ravagée avec sa vingtaine de milliers de morts pour dix millions d'habitants en mars 2020, qu'est-ce qui a le plus fait plongé l'économie – le confinement ou la violence de la crise sanitaire ? Cependant, on notera que les pays qui ont cru pouvoir éviter de telles mesures au nom de la préservation de l'économie et du « vivre avec le virus », telle la Suède, ou qui ont pu espérer que la tempête était passée à l'été 2020, comme la Pologne, la Grèce ou la Slovénie, ne s'en sortent pas mieux que leurs voisins au plan économique comme en termes de décès.

Encore faut-il mesurer l'importance positive ou négative du facteur européen. En premier lieu se pose la question du coût de la « Non-Europe ». Il est souvent dit à juste titre que jusqu'à la pandémie, la santé publique n'était pas pour l'essentiel une compétence de l'Union. Les systèmes de soins sont nationaux tout comme le sont les mécanismes de financement qui les sous-tendent. La gestion des crises sanitaires est nationale. Certes, il existe depuis 1995 une Agence européenne des médicaments dont le siège est installé à Amsterdam depuis le Brexit, mais elle était d'autant moins connue du grand public que ce sont les agences nationales qui délivrent en fin de compte les autorisations de mises sur le marché des nouveaux médicaments. Comme dans d'autres domaines, l'existence du niveau européen sert aux responsables politiques nationaux de paravent pour justifier telle ou telle décision nationale, comme à l'occasion des problèmes imputés au vaccin AstraZeneca en mars 2021.

Reste à savoir si la gestion de la pandémie a souffert de cette absence d'Europe. En laissant de côté un instant la question vaccinale traitée plus bas, la réponse ne va pas de soi. Les États fédéraux ayant une échelle comparable à l'Union, comme les États-Unis, le Brésil, l'Australie, l'Inde, le Mexique ou le Canada, sont loin d'être univoques. Dans ces pays, et à l'exception du Mexique, la santé n'est pas une compétence qui relève principalement du niveau fédéral : l'Union européenne ne fait donc pas exception par rapport à ce schéma d'ensemble.

Face à la pandémie, ce modèle d'organisation décentralisé peut déboucher sur le meilleur en termes de résultat sanitaire, avec l'Australie et dans une moindre mesure le Canada, comme sur le pire, ainsi le Brésil. Malgré la puissance de son industrie pharmaceutique, l'Inde, à la surprise de beaucoup, a connu un échec de sa politique vaccinale encore plus grave que celui de l'Union européenne : à la fin mai 2021, un Indien sur huit seulement avait reçu une première injection, contre deux

Européens sur cinq, dans les deux cas, c'est le niveau fédéral qui n'a pas répondu aux espoirs.

Le cas australien interpelle : en vingt mois il y a eu moins de 1 000 décès dus à la Covid dans ce pays-continent de 26 millions d'habitants qui ne possède aucune frontière terrestre avec des États tiers. Le niveau fédéral y a interdit précocement et durablement l'essentiel du trafic aérien avec l'étranger, au point de refuser pendant de longs mois le retour des nombreux Australiens expatriés : les voyageurs empruntant les quelques vols internationaux autorisés étaient soumis à des quarantaines hôtelières longues et rigoureuses. Au plan intérieur, le pouvoir fédéral était marginalisé par rapport aux États. Les confinements y ont été souvent longs et durs mais très variables selon les lieux. Les fermetures des frontières intra-australiennes ont été fréquentes mais pas toujours coordonnées, sur un mode qui fait penser à l'expérience européenne. Le tout a été un excellent résultat au plan sanitaire. L'isolement géographique de l'Australie et sa très faible densité de population limitent cependant la portée d'une comparaison avec l'UE.

L'ensemble des exemples cités tend à relativiser l'importance dans la durée de la « Non-Europe » dans la gestion du volet sanitaire de la crise. L'absence d'une compétence centralisée européenne a peut-être le plus pesé s'agissant de l'absence de stocks de précaution d'équipements de protection et le manque de coordination concernant les vols internationaux. Le mécanisme pour constituer les stocks existait depuis 2014 mais il a fallu attendre la pandémie pour passer à la réalisation… Ces défaillances ont surtout joué pendant les premières semaines qui ont suivi l'identification du nouveau coronavirus à Wuhan.

Une Europe herbivore dans un monde de carnassiers

La question principale concernant l'Union européenne est donc d'évaluer si les actions qu'elle a été en mesure de prendre ont été utiles ou non. Celles-ci portent principalement sur la gestion économique d'une part, la stratégie vaccinale d'autre part. Nous avons vu (chapitre I) que la réponse est clairement positive s'agissant des mesures économiques prises pendant les six premiers mois de la pandémie : ouverture des vannes par la Banque centrale européenne dès le mois d'avril, décision politique de mettre sur pied un plan de relance de 750 milliards d'euros à partir de l'été 2020. C'est la suite ou, plus exactement, l'absence de suite des opérations qui interpelle. Vu la profondeur et la durée de la coronarécession en Europe, avec un premier trimestre 2021 à nouveau négatif et un deuxième trimestre incertain, un coup de fouet supplémentaire serait nécessaire. Compte tenu des difficultés considérables qu'il avait fallu surmonter pour mettre en place le plan de relance initialement rejeté par les pays dits « frugaux », une telle décision est improbable avant la deuxième moitié de 2022. En effet, les calendriers électoraux allemands et français rendront difficile toute initiative collective majeure à court terme, même si ces échéances se traduisaient par la participation aux affaires des Verts allemands dynamiques et proeuropéens à l'automne 2021 et le maintien d'un cap européen à Paris au printemps 2022. Pendant ce temps-là, l'Amérique est en train de passer des plans d'urgence aux plans d'infrastructures à coups de trillions de dollars.

La contre-performance de l'Union en matière vaccinale aura marqué les esprits. L'histoire complète et raisonnée de la décision de confier à la Commission européenne le soin de conduire la stratégie vaccinale reste à écrire. Certains États membres comme la France et l'Allemagne étaient visiblement soucieux au printemps 2020 de démontrer que l'Union européenne existait face à cette immense crise : face aux images des Chinois, Russes et Cubains paraissant voler au secours de la Lombardie ravagée, l'Europe ne semblait exister qu'à travers le rappel qu'elle n'avait pas de compétence en matière de santé et qu'elle n'avait donc pas à répondre aux appels à l'aide de l'Italie. La Commission mise en place après les élections européennes de 2019 venait juste de prendre les rênes, avec une présidente affirmant la vocation géopolitique du collège des commissaires, cependant que de nouveaux venus, notamment Thierry Breton, voulaient transformer leur énergie et leur expérience considérables en politiques européennes innovantes. Le sens commun suggérait que des commandes groupées de vaccins pourraient être négociées dans de meilleures conditions par un bloc de quatre cent quarante-six millions d'habitants que par des États membres pris isolément. À cette pensée positive s'ajoutait la crainte des conséquences politiques explosives du spectacle affligeant d'une course désordonnée aux vaccins.

Entre ces considérations, il n'est pas encore clair de discerner ce qui a pesé le plus. Le fait est que la Commission se voit confier la manœuvre vaccinale à partir de juin 2020. Or, la Commission est une administration, pas un commando habitué à conduire des opérations dans l'urgence, et par définition, elle n'avait pas d'expérience particulière du droit très spécialisé des contrats avec l'industrie pharmaceutique. On aurait mieux fait d'y penser avant. Peut-être aurait-il mieux valu que le Conseil européen constitue un cartel des pays membres composé de conseillers industriels et de juristes spécialisés ? Mais cela ne paraît pas avoir été envisagé.

Au moment où cela se passe, on ignorait quand il pourrait y avoir des vaccins. Dans le passé, il avait fallu plusieurs années pour concevoir, développer, tester, autoriser et distribuer des vaccins face à un nouvel agent pathogène. Cela a pu donner l'impression que la négociation avec les industriels et les laboratoires pourrait être conduite avec une sage lenteur permettant de peser sur les prix et les clauses de responsabilité. Par ailleurs, l'accalmie de la pandémie en Europe à l'été 2020 avait pu créer l'illusion que le pire était derrière nous : de début juin à fin août, il y avait eu dix fois moins de morts de la Covid au sein de l'Union que pendant les trois mois de la première vague. D'autres, notamment aux États-Unis et au Royaume-Uni, n'ont jamais oublié que ce qui comptait le plus était la rapidité et l'assurance de livraisons, dans ces pays, la confiance était grande que des vaccins arriveraient rapidement sur le marché, et c'est ce qui se passa dès l'automne 2020 avec le trio Pfizer, Moderna et AstraZeneca. Le prix de la dose de vaccin n'est évidemment pas indifférent, mais une vaccination précoce « à l'anglaise » a fait gagner deux mois dans la reprise économique.

Mû par ce sentiment d'urgence, le gouvernement conservateur britannique fait de la politique industrielle « à la française » en bloquant une possible absorption de l'institut de recherche de l'Université d'Oxford par le géant pharmaceutique Merck, amenant le centre de recherche à entrer en symbiose avec l'industriel anglo-suédois AstraZeneca : cet accord vaccinal est conclu le 30 avril 2020, et consacre le principe du prix coûtant, et est assorti de fortes subventions publiques.

Il paraît entendu que le gouvernement ait un droit de premier refus. Dans la foulée, un accord de précommande de cent millions de doses du futur vaccin est conclu par Londres avec AstraZeneca le 17 mai suivant. Ainsi, les Britanniques comme les Américains, avec l'opération « Warp Speed », ont su faire du collectivisme quand il le fallait. On notera au passage que le coût des vaccins était un sujet secondaire par rapport aux enjeux sanitaires et macroéconomiques[1].

Par ailleurs, il pouvait sembler que parmi les vaccins qui passeraient à travers le crible figureraient des vaccins « européens ». Ainsi, dans les précommandes de vaccins, la Commission avait fait figurer les candidats de Sanofi (franco-américain) ou CureVac en Allemagne, avec trois cents millions de doses de chaque vaccin. Si tout se passait bien, l'Union allait avoir largement de quoi vacciner sa population, tout en fournissant le programme Covax et en autorisant l'industrie pharmaceutique à livrer aux clients étrangers les vaccins produits sur le sol européen. L'Union paraissait à cet égard plus détendue que Washington ou Londres. Malheureusement, il s'avère à l'automne que ces vaccins ne seront pas prêts dans les premiers mois, rendant l'« en même temps » problématique, alors que les vaccins Pfizer et surtout AstraZeneca allaient connaître de leur côté des retards de livraison. Pour la France, la déconvenue sera particulièrement sévère, puisque le retard de Sanofi s'ajoute à l'échec vaccinal de l'Institut Pasteur. Il est vrai que l'Union n'est pas seule à avoir souffert de cette situation, le Royaume-Uni ayant lui aussi compté encore plus largement sur l'achat

1. À $15 la dose, la couverture de 45 millions d'adultes français (soit 900 millions de doses) représente 0,09 % du PIB, soit une journée de travail.

du vaccin de Sanofi. Mais contrairement à l'Union, Londres ne s'était pas engagée à autoriser l'exportation de vaccins produits sur son sol tout en ayant la faculté de s'approvisionner auprès des industriels basés dans l'Union.

De son côté, l'Amérique de Trump avait décidé d'interdire l'exportation de vaccins produits sur son territoire, ainsi que leurs produits constitutifs.

Certes, il était noble de la part de l'Union de ne pas en faire autant, mais il y avait place pour une voie moyenne entre l'embargo absolu à l'américaine et l'absence totale de tout frein à des exportations laissées à la discrétion des seuls laboratoires pharmaceutiques. La preuve tardive en est apportée par le fait que l'Union européenne mettra en place le 24 mars 2021 un contrôle des livraisons vers l'étranger. Entretemps, l'Union européenne s'était trouvée à court de doses au moment où elle en avait le plus besoin, en pleine troisième vague. Au final, elle avait exporté plus de 200 millions de doses de décembre 2020 à début mai 2021, soit légèrement plus que les fournitures aux pays membres de l'Union… C'est l'Europe qui vaccine le Japon (72 millions de doses), alors que ce pays n'était guère pressé de vacciner sa population. L'Europe vaccinera aussi le Canada et le Mexique (28 millions de doses), privés jusqu'au mois d'avril de tout accès aux doses fabriquées en surabondance chez leur voisin américain. La même chose se passera avec l'Arabie saoudite et Singapour, qui ne figurent pas parmi les damnés de la terre. Pour sa part, le Royaume-Uni reçoit plus de 19 millions de doses, de quoi vacciner l'ensemble de la population du Grand Londres.

À la fin avril, l'Union européenne avait non seulement réussi l'exploit d'exporter plus de vaccins qu'elle n'en avait distribué à ses résidents, mais cela ne profitait même pas aux pays qui n'ont pas les moyens financiers de s'adresser directement aux industriels. Ainsi, dans les cinq premiers mois de 2021, vingt-deux millions de doses seulement avaient été exportées ou étaient en instance de livraison par l'Union vers Covax ou dans le cadre de dons bilatéraux.

L'Europe n'a été ni efficace vis-à-vis de ses populations, ni généreuse envers les pays les plus démunis.

De façon plus générale, l'Europe qui souligne volontiers la qualité de son modèle social par rapport au capitalisme sauvage d'outre-Atlantique n'a pas su pratiquer dans l'urgence une politique industrielle pourtant bien ancrée dans nos gènes colbertistes...

Chacun connaît la suite. Au 30 avril, 24 % de la population de l'UE avait reçu au moins une injection de vaccin, contre 50 % au Royaume-Uni et 43 % aux États-Unis. Ces deux pays étaient alors en voie de pouvoir s'engager dans la reprise économique, alors que l'Union en était encore loin puisque la population vaccinée y était encore composée principalement de retraités ou de personnes présentant des comorbidités. L'Union avait ainsi pris plus de deux mois de retard par rapport au Royaume-Uni et de l'ordre de cinquante jours vis-à-vis des États-Unis.

S'il ne s'était agi que d'une grippe, ce décalage serait de peu d'importance, d'autant qu'au rythme des vaccinations atteint à partir de mai, le niveau de couverture vaccinale de l'Union finit par rattraper avant la fin de l'été celui de l'Amérique et de la Grande-Bretagne. Malheureusement, les conséquences humaines, économiques et politiques du retard pris sont substantielles.

En mars et avril 2021, le Royaume-Uni a connu 4 549 morts de la Covid, à comparer aux 17 421 pour la France, ces deux pays étant démographiquement équivalents, soit 12 872 décès supplémentaires en France. C'est plus de 200 par jour, soit l'équivalent d'un biréacteur de ligne s'écrasant tous les jours. Cela valait aussi au plan continental : l'Union européenne a connu environ 122 000 décès, soit de l'ordre de 84 000 de plus que les États-Unis pendant les cinquante jours de décalage vaccinal du 11 mars au 30 avril. En tenant compte de la différence de population, cet excès de mortalité serait de l'ordre de 60 000 personnes. Tel est en première approximation le coût humain du retard de mise en œuvre de la vaccination, même si d'autres facteurs, telles les mesures de restrictions, influent dans un sens ou dans l'autre sur ces chiffres. Il n'y a aucune consolation à tirer du fait qu'Américains et Britanniques ont connu des taux de décès plus élevés que ceux de l'UE et de la France dans la phase prévaccinale de la pandémie, ce constat comptable ne fera pas revenir à la vie ceux qui sont morts chez nous du fait du retard vaccinal de l'UE du printemps 2021.

Le retard vaccinal donne aussi plus de temps et plus d'occasions pour que le coronavirus puisse éventuellement développer de nouvelles mutations qui seraient plus vaccino-résistantes que les variants anglais, brésiliens ou indiens apparus peu avant la mise sur le marché des premiers vaccins fin 2020.

Parallèlement, les Britanniques et les Américains, comme avant eux la Chine, sortent progressivement des mesures de restrictions alors qu'une bonne partie de l'Union se trouvait encore dans son troisième confinement avec son impact détestable au plan économique et psychologique. Jointe à la nouvelle flambée pandémique due au variant Delta, cette expérience pèsera aussi sur les prochaines échéances électorales, notamment en Allemagne et en France, à l'automne pour la première et au printemps pour la seconde.

En Allemagne, la crise de la Covid a été mise au débit de la coalition sortante et a favorisé la montée des Verts, plus « bourgeois » et structurés que leurs homologues français. Une majorité de gouvernement différente de l'actuelle pourrait émerger en Allemagne, avec l'entrée en relative douceur des Grüne dans une nouvelle coalition. En France, la réélection d'Emmanuel Macron assurerait la pérennité de sa politique européenne. Le risque existe cependant d'une redistribution politique brutale, « façon puzzle », pour reprendre le mot de Georges Lautner dans *Les Tontons flingueurs*.

Au moins peut-on se consoler de cette contre-performance vaccinale de l'Union en se disant que l'alternative aurait pu été pire, avec un chacun pour soi aussi délétère politiquement que coûteux économiquement. Il est loisible d'arguer que la culture de paix qu'incarne pour ses peuples l'Union méritait *a priori* que l'on tente de jouer le pack, même au prix de quelques retards et de quelques milliers de vies. Cet esprit de solidarité a été soumis à rude épreuve : les avantages espérés d'une politique vaccinale commune ont trop souvent cédé la place au cavalier seul de pays aux motivations diverses, avec la Hongrie en tête de file, mais aussi l'Italie, voire des Länder allemands tentés de court-circuiter l'accord vaccinal européen pour s'approvisionner en Russie. Ce sont les lenteurs de la Russie à faire approuver son Spoutnik V par l'UE et l'insuffisance de ses capacités de production qui auront paradoxalement empêché l'Union européenne de voler en éclats sur le sujet.

Emmanuel Macron avait comparé la lutte contre la Covid à la guerre au début du confinement de mars 2020. Dans la guerre, les erreurs de jugement, les retards, les faiblesses d'exécution, se paient au prix fort, tant cash que dans la durée. La guerre est aussi, sans mauvais jeu de mots, un impitoyable juge de paix : la valeur et le caractère des individus, la pertinence et la solidité des institutions, le bien-fondé et l'efficacité des décisions sont mis à l'épreuve des faits.

Cette guerre n'a pas toujours été bonne pour l'Union européenne : certes, aucun des épisodes évoqués ici n'a provoqué l'implosion de l'Union, qui témoigne d'un solide instinct de survie que négligent à leur détriment ses contempteurs. Celle-ci se retrouve néanmoins affaiblie par rapport à ses concurrents et ses partenaires et décrédibilisée aux yeux de l'opinion même si elle n'est pas seule en cause. L'existence de l'Union a été préférable à son absence, spécialement dans le domaine économique, mais il n'est pas clair qu'elle soit sortie renforcée de l'épreuve. Ce bilan n'est pas nécessairement irréversible, mais il serait irresponsable de partir du principe qu'il suffit de faire comme si tout s'était aussi bien passé que voulu.

Jean Monnet disait naguère que « l'Europe se fera dans les crises et elle sera la somme des solutions apportées dans les crises ». La première partie de cette affirmation n'a pas jusqu'à présent prévalu dans la Covid. Sa seconde partie est exacte mais seulement dans la mesure où la valeur du tout peut s'avérer inférieure à la somme de chacune des parties.

Cette réalité a une double conséquence. D'une part, une Europe secouée sinon affaiblie, visiblement incapable d'agir à propos dans l'urgence, aura plus de mal à défendre ses intérêts et ses valeurs dans un monde où la prédation s'est durcie, et cela d'autant moins qu'elle n'inspire pas confiance. Comme la Covid et les politiques menées à son encontre, et spécialement la stratégie vaccinale, touchent personnellement chaque citoyen, ce déficit de confiance peut avoir un effet politique délétère. D'autre part, que penser de la capacité de l'Europe d'agir collectivement dans des guerres dont les adversaires sont des nations ou des groupes non étatiques, au vu du manque d'efficacité et de pertinence dans la guerre contre le virus ? Dans ces circonstances, ceux qui parlent si volontiers de défense européenne, voire d'armée européenne, d'autonomie stratégique ou de souveraineté européenne devront faire preuve de davantage de circonspection, notamment à Paris où de tels concepts ont acquis une valeur totémique. Cela ne veut pas dire qu'il ne faille pas s'engager dans l'européanisation de la défense, surtout s'il est clair que les conflits sont appelés à se durcir et se multiplier cependant que l'allié américain regarde toujours plus vers le Pacifique. Seulement, la prudence stratégique, la rigueur sémantique et la modestie vis-à-vis des faits devront être au rendez-vous.

Toute politique européenne devra par ailleurs intégrer la réalité issue de la gestion pandémique : le « plus d'Europe » a débouché sur le fiasco vaccinal des premiers mois de 2021, et il sera donc difficile sinon impossible de bâtir à court terme une plateforme convaincante d'extension de fait ou de droit des compétences de l'Union. Il n'était déjà pas simple de l'envisager dans le « monde d'avant » ; dorénavant, il faut tenir l'obstacle pour insurmontable, du moins à court terme. Il faudra faire ce que l'on peut avec ce que l'on a en termes d'institutions européennes, dont les qualités et les défauts ont été soulignés parfois cruellement, à l'épreuve de la guerre pandémique. En dehors de l'excellente performance de la Banque centrale européenne, dont la légitimité n'est pas franchement d'essence démocratique, l'Europe et ses institutions ont démontré qu'elles ne sont pas – ou pas encore – faites pour agir efficacement face à l'urgence.

« L'Europe qui protège » est certes un beau slogan

Dans le courant de la campagne présidentielle de 2017, le candidat Macron avait mis en avant l'objectif d'une Europe qui protège. C'était politiquement bien vu : avec le traumatisme de la grande crise financière de la décennie écoulée, la révolte contre la délocalisation des industries et les craintes soulevées par la vague de réfugiés des années 2015-2016, l'opinion publique, et pas seulement ses franges extrêmes, était demanderesse de messages promettant protection et stabilité. Mais au-delà de cet aspect instrumental, la thématique macronienne était conceptuellement puissante. Contrairement aux extrêmes qui prétendent protéger en détruisant l'Union européenne, comme le faisait alors le Front national, ou qui s'inspirent des fantasmagories bolivariennes de La France insoumise, Macron faisait de l'Union européenne l'acteur et le cadre de la protection : pas de protection efficace sans la dimension continentale face aux défis du moment et à venir, pas d'Europe légitime sans la capacité d'offrir la protection.

Le concept a aussi l'avantage de pouvoir couvrir un spectre très large de domaines, en fonction des besoins de la situation.

Aujourd'hui, cela peut s'appliquer à de nombreux domaines, tels la protection numérique face à l'hégémonie des empires américains ou chinois en ligne et aux agressions cybernétiques ; la promotion de la décarbonation de l'économie ; la défense de notre patrimoine technologique par rapport à la prédation de nos antagonistes orientaux comme de nos alliés-mais-néanmoins-concurrents américains ; le contrôle des frontières extérieures de l'Union.

De telles politiques ne vont certes pas toujours de soi, comme en témoigne la capacité qu'ont des pays comme la Chine ou les États-Unis et leurs industriels à mobiliser les résistances en Europe contre tout ce qui contrecarrerait leurs positions acquises ou leurs ambitions futures. Le lobbying chinois pour tenter d'imposer Huawei comme chef de file de la 5G en Europe a été féroce et général, et il s'en est fallu de peu pour qu'il soit couronné de succès grâce à ses « chevaux de Troie » politiques dans les pays européens, et notamment en France. Les entreprises militaires américaines battent le rappel de leurs obligés européens pour tenter de neutraliser les efforts actuels de renforcement de la base industrielle de défense européenne *via* la création du Fonds européen de défense.

Cependant, l'Union bénéficie d'un atout particulier, à savoir la facilité qu'il y a à défendre de telles politiques protectrices devant l'opinion publique. Point n'est besoin de forcer sa nature pour justifier aux plans politique et moral la défense des données privées en ligne ou la lutte contre le trafic d'êtres humains. À l'inverse, le lobbying des Gafa ou de Huawei, l'action des ONG soutenant les droits des réfugiés ou prétendus tels ont une pente à monter. Il ne s'agit pas ici de s'en féliciter ou de le déplorer : la cause des demandeurs d'asile chassés par la guerre est assurément plus digne d'être défendue que la prédation des géants du numérique chinois ou américains. Simplement, il s'agit d'une réalité politique.

Les domaines concernés correspondent aussi aux compétences et aux savoir-faire de l'Union. La protection numérique, le commerce extérieur, le régime des investissements en font partie. Lorsque tel n'est pas le cas, la pression politique et l'expertise technocratique peuvent conjuguer leurs effets pour élargir le champ des compétences de l'Union et mettre en place de nouveaux instruments, par exemple en matière d'harmonisation fiscale à l'encontre des multinationales du numérique ou de la mise en place d'une fiscalité carbone ou d'une taxe méthane à l'encontre des pays et entreprises qui prétendent poursuivre des politiques inacceptables en matière d'émission de gaz à effet de serre.

Cependant, cette approche protectrice a des limites intrinsèques. Les politiques correspondantes sont souvent lentes à mettre en place, alors même que le rythme des défis progresse de plus en plus rapidement, notamment en matière environnementale. Elles ne donnent pas par ailleurs à l'Union les moyens politiques nécessaires pour gérer l'urgence de l'action lorsque la protection s'effondre face à une crise hors normes. Ainsi, en temps ordinaire, la montée en puissance désormais soutenue de Frontex, l'agence qui contribue depuis 2016 à la protection des frontières extérieures de l'Union européenne, se déroule sans problèmes particuliers. Au fil des ans et des palabres, l'Union a fini par obtenir le droit et les moyens de recruter et de faire intervenir en direct sa propre force frontalière avec ses propres équipements. En 2021, ce sont une dizaine de milliers d'agents qui ont été recrutés. Nul ne sait cependant comment cela se passerait face à une réédition de la crise migratoire de 2015-2016 en mer Égée avec son million de candidats à l'immigration. Dans la pratique, il est fort à parier que ce n'est pas Frontex en tant que telle qui y répondrait de son propre chef, mais l'ensemble des États membres, le cas échéant avec les mêmes hésitations et les mêmes lenteurs qu'à l'époque. L'instrument existe désormais, mais pas encore le système d'exploitation politique lui permettant d'agir dans l'urgence. Il reste qu'il y eut un progrès, sachant aussi que la fonction crée bien souvent l'organe.

Par ailleurs, cette logique protectrice s'enlise dès lors qu'il est question de gestion économique et budgétaire. C'est avec d'extrêmes difficultés que fut surmontée pendant l'été 2020 la résistance politique des États dits « frugaux » pour mettre en place le plan européen de relance de 750 milliards d'euros. Au printemps 2021, celui-ci se heurtait encore à des obstacles juridiques propres à l'Allemagne. Certains avaient pu espérer que l'Europe allait connaître son « moment hamiltonien », du nom d'Alexander Hamilton, premier secrétaire du Trésor américain qui avait mené à bien la mutualisation au niveau fédéral des dettes des treize États fondateurs. Cela n'a pas été le cas, puisque chacun des pays membres de l'Union européenne devrait en principe rembourser le moment venu et suivant des modalités à fixer sa part de la dette levée au nom de l'Union. Alors que l'Amérique tente de lancer son propre plan de modernisation de plus de $2 200 milliards, soit près de trois fois plus que celui de l'Union, l'Europe ne donne aucun signe d'être politiquement, voire idéologiquement, capable de suivre le mouvement : nombre de pays européens s'accrochent à une orthodoxie financière que l'Amérique elle-même a laissée en plan. Il reste à voir si cette donne changera à la suite des élections générales en Allemagne du 26 septembre 2021.

En attendant, la reprise européenne en 2021 sera plus tardive et moins soutenue qu'aux États-Unis. Elle risque aussi d'être moins longue : la poussée inflationniste provoquée par la reprise chinoise et surtout américaine amènera les banques centrales à augmenter le moment venu les taux d'intérêt, ce qui pèsera sur l'activité économique.

Enfin, au plan stratégique, la protection est défensive ou dissuasive, par nature. Or la défense seule ne permet pas de prévaloir dans la durée, toutes choses étant égales par ailleurs. Dans un jeu entre protagonistes de même force, celui qui n'agit pas de façon proactive a moins de chances d'atteindre son objectif. Cela vaut pour la guerre comme pour la belote. Celui qui est capable, par exemple, d'imposer des normes en matière numérique ou des règles du jeu en intelligence artificielle finira par perdre pied devant celui qui dicte le rythme de l'innovation. Aussi, l'Union et ses membres ne pourront pas faire l'économie d'une « Europe qui se projette », capable d'affirmer sa souveraineté d'une manière qui ne soit pas que défensive. Encore faut-il qu'elle puisse être souveraine.

L'Europe peut-elle être souveraine ?

L'Europe qui protège peut dans une certaine mesure avancer sans que cela implique une transformation fondamentale du mode de fonctionnement de la construction européenne depuis ses débuts il y a plus de soixante-dix ans. Cela vaut dès lors que la protection repose sur l'application au quotidien par les institutions européennes de règles communes définies en amont par les États membres réunis en Conseil européen, le cas échéant avec une ratification par le Parlement européen. Par exemple, une fois décidée, la directive européenne sur la protection des données numériques n'implique pas l'intervention d'un souverain politique européen. Le système atteint des limites, comme nous l'avons vu pendant la longue crise de l'euro en 2010-2016. La Banque centrale ne pouvait pas alors gérer seule ni même principalement les contradictions du moment, notamment lorsque s'est posée à plusieurs reprises la question du maintien de la Grèce dans la monnaie unique. Pour cela, les États membres avaient dû reprendre en mains le problème. Reste qu'au jour le jour, des pans importants contribuant à la protection de l'Europe ont pu être bâtis et d'autres pourront l'être, notamment dans les domaines numériques et climatiques.

La question de la souveraineté est infiniment plus prégnante lorsque l'on passe de la protection à la projection, et notamment la projection de la force militaire. D'ailleurs, bien avant la pandémie et les malheurs de la politique vaccinale de l'Union, la formule de Jean Monnet sur l'Europe avançant à travers les crises avait été brutalement démentie quand le Parlement français avait refusé en août 1954 de ratifier le traité créant une Communauté européenne de défense. Ce projet supposait une double délégation de souveraineté, otanienne d'une part puisque la CED aurait été mise à la disposition du commandant (américain) de l'Otan en cas de guerre, européenne d'autre part, à la manière de l'exécutif tout récent de la Communauté européenne du charbon et de l'acier. Dans les rangs gaullistes s'était notamment fait jour la crainte que la CED n'empêche, le moment venu, de bâtir une force de dissuasion nucléaire. C'en était plus que ne pouvait accepter à l'époque la Chambre des députés, même si la souveraineté n'était pas seule en cause : la perspective du réarmement allemand à travers la CED avait également joué. Cependant, l'entrée sans difficulté majeure de l'Allemagne de l'Ouest dans l'Otan dès 1955 et son réarmement subséquent montrent que ce facteur ne pesait pas de façon déterminante.

Il est possible d'objecter que les circonstances stratégiques ont changé radicalement par rapport au risque de troisième guerre mondiale du début des années 1950. De plus, avec le traité de Lisbonne (2009), l'Union européenne a solennellement intégré la défense parmi ses compétences, assortie de clauses de défense mutuelle et de solidarité. Le président Macron n'avait-il donc pas raison d'anticiper en se faisant le porteur d'une souveraineté européenne, débouchant sur une armée européenne brandie face à Donald Trump à l'occasion du centenaire de la fin de la Première Guerre mondiale en novembre 2018 ?

Malheureusement, les choses ne sont pas si simples. Si le risque de guerre mondiale n'est pas au niveau où il paraissait se trouver au lendemain de la guerre de Corée, la situation stratégique est à la fois plus complexe et volatile de nos jours. La situation en Méditerranée orientale est tout sauf stable et paisible. Lorsque les armées françaises déploient en mars 2021 un luxe de moyens dans les manœuvres « Noble Dina » avec les membres de l'UE que sont la Grèce et Chypre, et avec Israël, ce n'est pas pour le seul plaisir de faire des ronds dans l'eau.

C'est plutôt pour pouvoir opérer ensemble si par malheur la Turquie avec d'autres acteurs de la région devait décider de croiser le fer, comme elle l'a fait en Libye ou au Nagorno-Karabakh. Dans une région ou, plus exactement, comme dans la plupart des régions du monde, l'ordre stratégique périlleux mais robuste de la guerre froide a fait place au grand désordre suscité par la disparition du leadership d'une Amérique qui n'est plus ce qu'elle était face à une Chine devenue superpuissance. De la guerre virtuelle reposant sur l'équilibre de la terreur et des alliances américano-soviétiques, nous sommes passés à la réalité de la guerre, qu'elle soit « invisible » ou « hybride », comme elle l'est au quotidien, ou qu'elle franchisse le seuil de la violence militaire la plus meurtrière, comme elle menace de le faire en Méditerranée orientale ou ailleurs.

Quant à la défense européenne, les traités en font seulement le bras armé de la politique étrangère de l'Union, or celle-ci n'existe que dans les domaines limités que lui concèdent les pays membres, et qui demeurent sous la surveillance étroite de ces derniers. Ce n'est pas cela la souveraineté européenne.

Il serait agréable de pouvoir écrire que cela peut et doit changer, même si les raisons évoquées plus haut rendent l'exercice plus difficile que jamais. Pour que cela puisse se faire, il faudrait cependant surmonter des obstacles d'une autre nature. Il s'agit d'abord, mais pas principalement, des réticences des pays voisins de l'imprévisible Russie, qui n'ont aucun appétit pour qu'une éventuelle tutelle stratégique européenne succède aux contraintes de la « souveraineté limitée » de l'époque soviétique. Si des transferts de souveraineté sont nécessaires pour prévenir d'éventuelles aventures militaires russes, ils préfèrent l'imposante puissance américaine à une Europe qui ne peut exhiber la même crédibilité en termes de dissuasion et de défense. L'expérience de la pandémie ne peut pas les avoir fait changer d'avis. Cependant, cette difficulté n'est pas forcément pérenne. Les pays membres de l'Union européenne voisins de la Russie constatent comme les autres que l'Amérique place durablement sa rivalité avec la Chine au centre de ses intérêts stratégiques. La crainte y est vive que la garantie de défense américaine en Europe devienne de moins en moins inconditionnelle.

Le problème principal se trouve en fait chez nous, en France. C'est certes de Paris que s'élèvent aujourd'hui les voix en faveur de la souveraineté européenne, tout comme le traité de la CED supposé créer l'« armée européenne » avait été conçu à Paris. Nous savons que la CED s'est fracassée en 1954 sur cette même réalité politique française. Il est à craindre que le projet macronien d'une souveraineté européenne ne se heurte au même obstacle, indépendamment des changements de tous ordres intervenus depuis l'échec de la CED. La France est prête à promouvoir la souveraineté dès lors qu'elle porte ses couleurs politiques et se conforme à ses choix stratégiques. Or, la culture politique européenne dans une Union à vingt-sept n'est pas à dominante présidentielle. Même si les Allemands, pour des raisons historiques évidentes, récusent avec force et sincérité le concept de *Leitkultur*, de « culture dirigeante », le fait est que l'Allemagne parlementaire incarne mieux le rôle de modèle politique que la France. Le fait qu'elle connaisse une réussite économique plus convaincante que nos performances plus modestes ne gâte rien.

En termes stratégiques, le Brexit a privé la France d'un partenaire britannique qui partage notre culture stratégique. La plupart des pays membres de l'Union ne partagent pas nos ambitions ou nos efforts en la matière, et parfois ni les unes ni les autres, avec en tête de file l'Allemagne. Au début de son quinquennat, le président Macron a cru qu'il était possible de changer la culture stratégique allemande à coups de discussions, d'échanges d'officiers et de projets communs en matière d'armement. Chacune de ces voies d'approche se justifie facilement sur ses mérites propres. Tout cela aide à pérenniser, voire renforcer, politiquement le rôle du couple franco-allemand au sein de l'Union, à accroître la capacité de nos militaires à se comprendre et à travailler ensemble, et permet d'augmenter l'efficacité des dépenses militaires. Malheureusement, cela ne change pas la culture stratégique, qui pour les deux pays a été le produit du cataclysme qu'a été la Seconde Guerre mondiale, mais si la catastrophe a été commune, ses effets ont été diamétralement opposés en ce qui concerne le rapport au recours à la force armée et aux ambitions géopolitiques.

La différence est structurelle, et seuls des bouleversements d'une envergure comparable au choc de la dernière guerre mondiale pourront changer cet état de fait. À dire vrai, l'Europe a subi un immense choc stratégique il y a une trentaine d'années, sous la forme de la disparition essentiellement pacifique et à frais minimaux de l'Empire soviétique ployant sous le poids de son surarmement et de son idéologie économiquement désastreuse et politiquement repoussante. Le miracle qu'ont été la chute du Mur et tout ce qui l'a accompagné a renforcé la culture de paix allemande et ancré davantage encore le sentiment que le non-recours à la force est le « mode par défaut » de la sécurité en Europe. La souveraineté européenne ne peut naturellement pas se concevoir sans l'Allemagne, et lorsqu'il s'agira de sortir du seul domaine sémantique, le gouvernement français, l'actuel comme les précédents et les suivants, ne se reconnaîtra pas dans cette conception allemande.

Cela ne changera probablement pas du seul fait de l'arrivée aux affaires d'une nouvelle coalition à Berlin après les élections générales de septembre 2021 dans laquelle pourraient, le cas échéant, entrer les Verts allemands. La vie avec ceux-ci sera un peu plus simple s'agissant des interventions militaires à buts humanitaires. Elle sera encore plus difficile qu'avant s'agissant des projets communs d'avion de combat ou de char d'assaut, déjà mal en point malgré les annonces tonitruantes au début du quinquennat d'Emmanuel Macron. Elle promet sans surprises d'être impossible dans le domaine de la dissuasion nucléaire, mais il ne s'y passait déjà pas grand-chose au plan européen malgré les ouvertures françaises de février 2020 en la matière.

Tout cela sera éventuellement remis en jeu, du fait d'un retrait américain, d'une aventure militaire russe, d'un acte d'agression de grande envergure de la Chine contre les intérêts européens dans le monde, ou de la conjugaison de telles éventualités. L'Europe peut certes tenter d'en prévenir l'occurrence ou d'en réduire les effets, mais de telles évolutions dépendent moins de nous que des événements propres à chacun de ces acteurs et à leur interaction. Comme nous l'enseigne la crise de la Covid, mieux vaut donc éviter de brandir des slogans si on n'est pas en mesure d'en démontrer la réalité et la pertinence à l'épreuve des faits : l'Europe subit plus qu'elle ne peut maîtriser ces forces que sont la montée éruptive de la Chine, la réorientation américaine et le révisionnisme d'une Russie dont l'affaiblissement exacerbe plus qu'elle ne modère les instincts. Dans ces conditions, faisons nôtre la devise de Deng Xiaoping qui recommandait à une Chine encore faible de « cacher sa brillance » et éviter de se manifester à contretemps. Cela n'interdit pas de formuler des vœux, et la souveraineté européenne est assurément une noble aspiration. Ce n'est pas avec cela que les Européens sauront faire face à un monde dans lequel la guerre s'approche. Pourtant, il faut préparer les esprits à la montée des périls et s'organiser en conséquence, ce que le gouvernement français fait au demeurant mieux que d'autres.

Le choc des choix, le poids des euros

L'Europe peut protéger, mais seulement dans certaines limites. Elle ne peut guère projeter sa souveraineté pour des raisons qui ne disparaîtront pas de sitôt, et la pandémie n'a pas facilité la tâche. Cela ne signifie pas qu'il faille baisser les bras dans l'immédiat, pas plus que cela nous dispense de nous préparer aux conséquences des bouleversements géopolitiques et éventuellement guerriers qui nous attendent, que nous le voulions ou non.

Pour cela, il faut d'abord ne pas se tromper sur le choix stratégique, en sachant que l'Union européenne ne sera pas l'agent principal de leur mise en œuvre. Dans l'avenir prévisible, ce sont les États qui continueront à être les « producteurs » de base de politique étrangère, de sécurité et de défense. Les vecteurs institutionnels en ce qui concerne le recours à la force pourront, le cas échéant, en être le collectif européen, avec l'Union ou des coalitions *ad hoc*, et éventuellement atlantiques, à travers l'Otan ou en alliance directe avec les États-Unis, en fonction des circonstances. C'est d'ailleurs le cas depuis la fin de la guerre froide, sauf que les occasions de conflit et le durcissement des opérations militaires vont croissant.

À ce stade, les Européens, et notamment la France qui dispose des capacités militaires les plus aguerries et les plus polyvalentes de l'Union, doivent établir un équilibre entre plusieurs logiques stratégiques.

Il s'agit d'une part d'être en mesure d'opérer dans des régions importantes pour l'Europe, mais dans lesquelles aucune autre grande puissance n'a la capacité ou la volonté de prendre le leadership. Telle est depuis près d'une décennie la situation en Méditerranée orientale et comme cela ne cesse d'être le cas en Afrique occidentale. La boussole ici doit être la défense du collectif européen contre la prédation d'États susceptibles de le menacer, dont l'identité peut d'ailleurs varier, et la lutte contre des acteurs terroristes, tel Daech. Aujourd'hui, cela suppose, par exemple, les opérations antiterroristes dans le Sahel, et la défense des membres de l'Union que sont la Grèce et Chypre vis-à-vis des prétentions de la Turquie. Appliqué strictement, ce principe devrait d'ailleurs conduire à plus de prudence stratégique que celle manifestée par notre pays en Libye, une fois acquise début 2019 la déconfiture de la succursale locale de Daech.

Dans tous ces cas, la France intervient avec ses moyens propres, mais fait le nécessaire pour constituer des coalitions. Dans le Sahel, ce sera par exemple le rôle d'appui politique, économique et sécuritaire de l'Union et de l'ONU, avec le soutien américain en matière de renseignement.

Il s'agit d'autre part de façon très classique de s'appuyer sur la dissuasion, la prévention et, le cas échéant, la défense contre des opérations de coercition russes à l'encontre de nos partenaires européens, membres de l'UE et/ou de l'Otan. La Norvège, la Finlande, les trois États baltes et la Pologne ont une frontière terrestre avec la Russie, cependant que la Suède, le Danemark, l'Allemagne, la Roumanie et la Bulgarie en sont contigus au plan maritime. La puissance nucléaire russe, égale à celle de l'Amérique, suffit à rendre indispensable le partage du fardeau de cette défense avec les États-Unis. Ces derniers auront de plus en plus de difficultés à exercer un leadership militaire en Europe même. Les Européens doivent se préparer à une réduction de la présence des forces américaines sur notre sol, et donc à prendre le relais dans une plus large mesure qu'aujourd'hui. Reste que cela ne signifie pas forcément un désengagement militaire complet, ni *a fortiori* un désintéressement stratégique. La participation active des États-Unis à la défense de l'Europe contre la Russie est un gage de coopération euro-américaine vis-à-vis des ambitions chinoises, la Russie et la Chine étant des partenaires stratégiques.

Aussi, la logique de partage du fardeau, et notamment le très classique débat sur le *burden sharing* qui anime les réunions de l'Alliance atlantique depuis sa création en 1949, mérite d'être pérennisée. L'Otan reste donc ici le vecteur primordial des efforts budgétaires et militaires nationaux, même si l'Union européenne commence à figurer dans le paysage. Une des initiatives les moins spectaculaires, mais potentiellement les plus importantes, concerne l'initiative européenne dite « de mobilité militaire ». Celle-ci consiste à lever les obstacles matériels et surtout réglementaires au déplacement rapide des unités militaires des alliés d'un bout à l'autre de l'Europe en cas de crise. Pour déplacer une brigade blindée de France en Estonie, il faut que les infrastructures routières, ferroviaires, portuaires, aériennes soient accessibles et que les contraintes réglementaires, notamment environnementales ou sanitaires, ne soient pas un frein aux mouvements. En somme, il s'agit de pouvoir faire au plan militaire ce qui a été fait pour la libre circulation des biens au sein de l'Union européenne. Face à des antagonistes agiles, les Européens doivent pouvoir faire preuve d'une agilité au moins équivalente, dans le temps le plus court possible sur l'espace le plus vaste possible. Si l'Union est moins grande que la Russie, le territoire couvert par elle est devenu au fil des élargissements d'envergure continentale : la distance de Brest (en Bretagne) à Brest (à la frontière polono-biélorusse) est quand même de plus de 2 300 kilomètres, et plus de 5 000 de Lisbonne (Portugal) à Ivalo (Finlande)…

Enfin, à ces logiques de direction des opérations et de partage du fardeau s'ajoute celle de partage de la prise de risque, le *risk sharing*. L'exemple classique est celui de la guerre du Golfe en 1991 pour libérer le Koweït occupé et annexé par l'Irak en août 1990. La France avait participé en tant qu'« actionnaire minoritaire » à cette vaste opération conduite au nom du Conseil de sécurité de l'ONU et dirigée par les États-Unis, rassemblant plus d'un demi-million de soldats dont des pays de la région comme l'Égypte ou la Syrie. Notre contribution militaire consistait en l'envoi d'une division légère faisant partie des éléments de la coalition intervenant en première ligne, aux côtés des Américains.

Aujourd'hui, la question du *risk sharing* est surtout liée aux tensions dans l'espace Indo-Pacifique, avec la montée en puissance de la Chine. Depuis plusieurs années, la France fait naviguer ses navires de guerre dans la mer de Chine du Sud et dans les parages de Taïwan tant pour affirmer nos droits résultant du droit de la mer que pour manifester notre solidarité avec nos partenaires en la matière, notamment les États-Unis et le Royaume-Uni mais aussi l'Australie, le Japon, l'Inde. Il ne s'agit pas d'un sujet de second ordre, puisque la moitié des échanges extérieurs de l'Union passent par la région Indo-Pacifique.

Bien qu'il n'existe pas à l'heure actuelle de cadre politique permanent pour ces prises de risque, la France a noué au cours des années récentes un dialogue stratégique avec ces pays et d'autres dans la région. Le moment approche de savoir s'il ne faudra pas créer sinon une alliance formelle, du moins une instance multilatérale permanente. Il ne serait pas absurde que la France, le Royaume-Uni, le cas échéant, l'Union européenne en tant que telle forment un cercle élargi autour du « Quad » formé par l'Amérique, l'Inde, l'Australie et le Japon. Cela permettrait de limiter les risques en les partageant de façon visible et officielle tout en marquant plus clairement la solidarité : il s'agirait face à la Chine de mettre en place une forme d'immunité de groupe, pour reprendre une notion chère aux épidémiologues.

Ce choix stratégique ne va pas de soi pour nombre de nos partenaires européens, qui préfèrent la logique du *burden sharing* et de la spécialisation des rôles face à la Russie. De plus, la géographie ne donne pas un accès direct à une bonne partie des pays d'Europe continentale, même si leur économie est aussi dépendante que la nôtre, et parfois plus, par rapport à la zone Indo-Pacifique.

Pour la France, la question se pose de façon différente. De l'ordre de 1,6 million de nos concitoyens vivent dans les collectivités territoriales françaises de la région concernée, et leur domaine maritime embrasse plus de 9 millions de kilomètres carrés, soit 17 fois la superficie de la métropole. Nous y disposons de point d'appuis militaires, et notre statut de membre permanent du Conseil de sécurité y fait de nous un acteur politique. Certes, le *risk sharing* n'est pas sans frais : projeter une force aéronavale de l'autre côté de la planète est coûteux ; et, par définition, l'affaire n'est pas sans risques. Naguère, la Marine française pouvait sans dangers particuliers faire passer un de ses navires par le détroit de Formose, en conformité avec le droit de la mer, mais allant à l'encontre des prétentions chinoises. Avec le durcissement de la politique chinoise, ce qui était encore vrai en 2019 ne l'est probablement déjà plus, et le risque, y compris militaire, est devenu substantiel, ce qui pose de façon pressante la question d'une formalisation de nos partenariats stratégiques dans la région.

Il est non moins vrai que la solidarité active a un avantage paradoxal mais substantiel : le fait d'être aux côtés de nos alliés dans la région Indo-Pacifique nous permet aussi de mieux prendre nos distances par rapport à tel ou tel aspect de la politique américaine. Cela permet de se sortir de la logique transactionnelle du *burden sharing* à laquelle sont astreints certains de nos partenaires : pour ceux-ci, la protection que les États-Unis assurent face à la Russie se monnaie non seulement au plan budgétaire mais aussi en termes d'alignement sur la politique américaine vis-à-vis de la Chine. À l'inverse, le *risk sharing* donne aux Européens des marges de manœuvre politiques par rapport à notre allié américain.

Pris ensemble, ces trois grands pans de notre posture impliquent une forte autonomie stratégique, c'est-à-dire la possession des moyens nous permettant d'apprécier les risques et les menaces et de faire les choix correspondants. Cela ne se confond ni avec la neutralité (la France comme une grande Suisse), ni avec l'indépendance absolue (la France comme une sorte de Corée du Nord), ni avec un partenariat volage pratiquant la polygamie géopolitique (La France comme une version miniature de l'Amérique « transactionnaliste » de Donald Trump). Nos traités nous obligent, nos intérêts et nos valeurs sont largement partagés, l'appréciation des risques se fait autant par échange et partage du renseignement que par sa rétention. À partir de 2016, lorsque les membres de l'Union européenne ont adopté ce qu'elle a appelé sa « Stratégie globale », ce concept initialement français de l'autonomie stratégique a été repris à l'échelle européenne. Certes, ce fut à reculons pour beaucoup, vu la crainte de déplaire à Washington ou tout simplement la réticence de devoir assumer de nouvelles responsabilités. Cependant, cela fut fait, y compris par le Royaume-Uni, alors membre de l'Union.

Au-delà des difficiles choix qu'implique l'autonomie stratégique, reste à résoudre l'équation financière.

L'accroissement du danger de guerre dans notre voisinage immédiat avec la multiplication et le durcissement des opérations militaires, spécialement en Méditerranée et en Afrique occidentale, impose des coûts supplémentaires. Cette réalité se traduit d'ailleurs depuis par l'augmentation des surcoûts directement liés aux opérations extérieures, qui sont passées au cours des deux décennies écoulées d'un gros demi-milliard d'euros par an à près d'un milliard et demi. Plus généralement, cela justifie amplement l'augmentation en cours du budget de la défense, passant de moins de 32 milliards en 2016 à plus de 39 milliards euros en 2021. Cette trajectoire de 4 à 5 % de croissance annuelle est inscrite dans la loi de programmation militaire qui court jusqu'à 2025.

Le prix du *burden sharing* est connu. En 2014, après le début des opérations militaires russes en Ukraine, les pays membres de l'Alliance atlantique se sont donné pour objectif de consacrer 2 % de leur PIB à la défense avant 2025, en utilisant les règles comptables de l'Otan, plus généreuses que les définitions françaises. Le budget de la défense français atteint aujourd'hui ce niveau, mais en partie pour une mauvaise raison, à savoir la baisse du PIB du fait de la pandémie. Naturellement, ces 2 % comprennent l'ensemble de nos dépenses militaires, qu'elles soient consacrées à des opérations nationales, à l'autonomie stratégique de l'Europe ou à des coalitions de prise de risque.

Ces dernières auront elles-mêmes un coût croissant, étant donné nos intérêts et nos ambitions dans la région Indo-Pacifique.

Par ailleurs, le renouvellement en cours de notre dissuasion atteindra un pic de dépenses au milieu des années 2020, avec la nouvelle génération de sous-marins nucléaires lance-engins et le remplacement de nos missiles aéroportés ASMP-A par des engins hypervéloces provisoirement baptisés AS4NG, le tout permettant d'assurer la pérennité de la force nucléaire jusqu'au milieu du siècle. Cela représente un huitième de notre budget de défense pendant la loi de programmation en cours d'exécution.

Aussi faut-il partir du principe que durant la décennie, la trajectoire actuelle des dépenses militaires devra continuer à croître à son rythme actuel, et encore à condition d'exercer plus de retenue que cela n'est le cas depuis deux décennies en matière de conduite d'opérations extérieures. Opération « Chammal » contre Daech ; opérations antiterroristes « Serval » puis « Barkhane » dans le Sahel ; casques bleus au Liban depuis 1978 ; opérations antipirateries « Atalante » et « Corymbe » dans le golfe d'Aden et le golfe de Guinée ; nos expéditions anciennes ou modernes en Centrafrique et en Libye, etc. : ces opérations et bien d'autres peuvent parfaitement se justifier une par une, de même que notre prétention à nous hisser au rang de brillant second dans les coalitions conduites par les États-Unis, du Kosovo à la lutte contre Daech. C'est trop : budgétairement, nous ne pourrons tenir la distance.

Il faut aussi que nous sachions trouver un point d'équilibre optimal entre les dépenses consacrées aux systèmes existants et la préparation du futur. Les spécialistes parlent parfois ici de moyens du soleil couchant et ceux du soleil levant. Comme chacun le sait, il est souvent plus coûteux et difficile de prolonger la durée de vie d'un immeuble ou d'une voiture que d'acheter du neuf. Il est non moins vrai qu'il est budgétairement et politiquement plus simple de rafistoler de l'ancien, parce qu'au jour le jour cela se voit moins dans les documents budgétaires, que d'y aligner les gros blocs de dépenses de nouveaux programmes. C'est comme cela que nous nous trouvons encore parfois avec des véhicules blindés ou des hélicoptères des années 1970 ou 1980, dont le coût d'entretien est devenu prohibitif, sans parler de leur aptitude douteuse aux conditions du combat du XXIe siècle. Le mal n'est certes pas propre à la France. Cependant, il peut y avoir des leçons à tirer de pays comme la Russie ou la Turquie qui étaient surchargés de quantités ingérables de matériels hérités de la guerre froide et qui correspondaient à des concepts doctrinaux et opérationnels dépassés. Ces pays, tout comme la Chine, ont mis l'accent sur la modernisation, qu'il s'agisse des équipements, du renseignement ou de l'intégration des moyens militaires et politiques. Dans le cas de la Russie, ce choix a été formalisé avec des cibles explicites de modernisation. C'est une des raisons pour lesquelles ce pays, dont le PIB est équivalent à celui de l'Espagne, a pu transformer en une quinzaine d'années sa structure de forces conventionnelles, dont la performance en Syrie a été remarquable, indépendamment du fait qu'elles ont été mises au service d'une mauvaise cause. Dans le domaine stratégique et militaire, il est toujours utile de comprendre ce que font nos adversaires potentiels…

L'Europe ou plus exactement l'Union européenne d'une part, et notre symétrique stratégique qu'est le Royaume-Uni d'autre part, ne sont pas absents de ce tableau, même si les dépenses militaires sont et resteront avant tout l'affaire des nations prises individuellement. L'Union peut faire ce qu'elle sait faire : organiser des cadres réglementaires et gérer des programmes de dépenses dans la durée. La création du Fonds européen de défense, abondé de l'ordre de 7 milliards d'euros sur les années 2021-2027, pourra encourager des choix communs de matériels codéveloppés et coproduits par les bureaux d'études et les industriels européens. De l'ordre de 12 milliards seront consacrés pendant la même période aux programmes spatiaux, dont une large partie a des applications importantes pour la sécurité et la défense. Nous avons vu ce que l'Union a entrepris en matière de mobilité des forces. Tout cela permettra d'augmenter l'efficacité des dépenses nationales et aussi de contribuer à la capacité de l'Otan à remplir son mandat de défense collective sur les marches orientales de l'Europe.

Après ce qui s'est passé face à la pandémie, bien imprudents seraient les responsables politiques qui voudraient confier directement à Bruxelles les rênes d'opérations conduites dans l'urgence. Les éventuelles actions militaires conduites sous le drapeau de l'Union resteront sous la direction politique et le contrôle opérationnel des responsables civils et militaires des États membres.

La sortie britannique de l'Union européenne n'aurait pas dû changer grand-chose en ce qui concerne la défense de l'Europe en général, et les relations de défense avec la France en particulier. S'agissant de l'Europe, le Royaume-Uni reste dans l'Otan et poursuit sa relation spéciale avec les Américains en matière de renseignement et dans le domaine nucléaire, cependant que l'Union ne joue qu'un rôle périphérique dans le domaine militaire. L'intense relation militaire et stratégique franco-britannique n'est apparemment pas mise en cause. Les traités de Lancaster House conclus en 2010 restent en place, constituant le cadre de la coopération bilatérale, y compris dans le domaine nucléaire, dans lequel les chercheurs travaillent côte à côte dans des installations partagées bâties des deux côtés de la Manche. Nos forces opèrent ensemble, notamment dans le Sahel. Les industriels de défense, tels Thales, Airbus et le missilier MBDA, ont des chaînes de valeur trans-Manche qui dépassent ce qui peut exister sur ce plan entre la France et l'Allemagne. Si le Royaume-Uni fait, depuis les lendemains de l'expédition de Suez en 1956, le choix de suivre Washington quand Paris conserve son libre arbitre, le fait est que la culture stratégique des deux pays est quasi identique, comme le sont leurs ambitions diplomatiques en tant que membres permanents du Conseil de sécurité. Rien n'interdirait donc à la France de poursuivre sa relation particulière avec le Royaume-Uni, tout en continuant à faire du couple franco-allemand la locomotive de la construction européenne, comme nous le faisons depuis largement plus d'un demi-siècle.

Malheureusement, ce serait trop simple. Pour des raisons tenant au désordre politique à Londres après le référendum de 2016 sur le Brexit, le Royaume-Uni n'avait pas jugé nécessaire de négocier avec ardeur sa place dans les nouvelles institutions que ses partenaires commençaient à mettre en place en matière de défense, notamment ce qui allait devenir le Fonds européen de défense. Le résultat, c'est que le Royaume-Uni y est désormais traité comme un pays tiers au même titre que la Patagonie ou la Nouvelle-Guinée. C'est évidemment stupide, vu l'imbrication des industries aérospatiales et militaires françaises et britanniques.

Entre partenaires rationnels, cela devrait pouvoir se corriger. Hélas, ce sera difficile. La coopération stratégique franco-britannique risque de souffrir, moins d'ailleurs du fait d'une quelconque volonté de nuire que de l'évolution générale des relations euro-britanniques qui baignent dans un climat délétère. À Londres, le Brexit continue d'être vécu comme une croisade, et à Bruxelles comme à Berlin ou Paris, le climat n'est pas forcément meilleur. Faux procès et procès d'intention caractérisent l'interaction entre les uns et les autres. Là-dessus, la pandémie, et spécialement la crise vaccinale, propice à tous les fantasmes et tous les égoïsmes, a répandu son venin. Difficile dans ces circonstances de placer le domaine de la stratégie dans une bulle dans laquelle il serait possible d'entretenir une relation apaisée.

Tout cela se calmera peut-être, mais en attendant, le Brexit affaiblit l'ensemble des protagonistes au plan stratégique. L'Europe, face à une Russie révisionniste, une Amérique occupée ailleurs, et une Chine menaçante, n'avait pas besoin de cela.

ÉPILOGUE

And the winner is…?

Avant même la pandémie, la fin de la mondialisation dite « heureuse » était déjà en marche. Depuis la crise de 2008-2009, les échanges internationaux de biens croissaient moins rapidement que l'économie mondiale. Les déplacements d'êtres humains se heurtaient à des obstacles croissants, de la frontière américano-mexicaine au bassin méditerranéen. Les flux d'informations, les *Big Data* qui sont le pétrole des Temps modernes, étaient bloqués autoritairement par la Grande Muraille numérique chinoise tandis que l'Union européenne, lentement mais sûrement, mettait en place les premières barrières de protection des données privées. Pour contrer la libre circulation de l'information, la Russie s'intéressait à un découplage possible par rapport au World Wide Web, cependant que dictatures et parfois démocraties n'hésitaient plus à couper l'accès à la Toile en cas de troubles intérieurs ou de menaces terroristes, réelles ou supposées. L'Internet, incarnation de la mondialisation, paraissait voué à la balkanisation. Le monde du « gagnant-gagnant » cédait graduellement la place au règne des jeux à somme nulle. La prédation et la loi de la jungle progressaient partout, fût-ce à un rythme inégal.

Les États-Unis, pivot du système économique et stratégique mondial et son ultime garant, perdaient pied, le mouvement ayant commencé avec la désastreuse invasion de l'Irak par George W. Bush, aggravée par la décision de Barack Obama de ne pas exercer le leadership américain en Syrie en 2013, et systématisée sous Trump. L'arrivée de Joe Biden peut infléchir le mouvement de retrait, mais la vitesse acquise par la superpuissance chinoise interdit tout retour au « monde d'avant ».

Avec la pandémie, non seulement toutes ces tendances se sont aggravées, notamment à travers l'extraordinaire coup de frein économique de 2020, mais encore le monde est passé d'un jeu à somme nulle à une ligne de résultat négative. Il s'agit dorénavant de moins souffrir que le voisin ou, à défaut, moins que la moyenne, et, le cas échéant, en s'en prenant aux intérêts des autres. Loin d'unir les efforts face au péril commun à travers un sursaut multilatéral pendant la crise sanitaire, le monde a assisté davantage à un chacun pour soi qui augure mal de notre capacité collective à affronter la menace existentielle que représente le changement climatique. La Chine, qui a moins perdu que d'autres dans cette pandémie qui a pourtant trouvé son origine chez elle, conteste ouvertement l'ordre libéral et démocratique promu par les États-Unis et leurs alliés européens et asiatiques, accompagnée par une Russie qui a faim de revanche par rapport à l'implosion de l'Empire soviétique. Cependant, ni Pékin ni Moscou ne portent un projet alternatif de structuration de la société mondiale, comme avait pu le faire l'URSS en son temps. En cela, le désordre du monde ne renvoie ni à la guerre froide, avec sa stabilité paradoxale, ni, du moins pour le moment, à Thucydide, avec son mécanisme d'ouverture inévitable des hostilités entre puissances concurrentes. Les analogies historiques qui s'appliquent ici sont celles de l'irruption de l'Allemagne wilhelmienne sur la scène mondiale pendant les années 1890 ou le « piège de Kindleberger » des années 1929-1939, avec l'incapacité ou le refus de la puissance hégémonique déclinante qu'était l'Empire britannique d'assurer l'ordre et une puissance montante américaine qui n'y était pas prête. Dans les deux cas, la guerre mondiale était au rendez-vous.

Pendant ce temps, les moyens de la guerre ne cessent de se démocratiser, et ses domaines d'action de s'élargir. Entre la guerre cybernétique et informationnelle qui est quotidienne mais qui tue peu et l'apocalypse nucléaire toujours menaçante mais dont l'emploi reste fort heureusement encore virtuel, le spectre de la conflictualité ne connaît plus de césures aussi nettes entre ce qui relève de la non-guerre ou de la guerre. Malheureusement, l'une conduit trop facilement à l'autre : les « zones grises », les « conflits invisibles » et autres « guerres hybrides » sont trop souvent des étapes dans l'escalade et non des points d'aboutissement. Dans un monde sans ordre, la tentation et la réalité du recours à la force sont de plus en plus prégnantes aux portes de l'Europe comme à l'épicentre économique et stratégique du monde que représente l'espace Indo-Pacifique, et cela à tous les niveaux, de l'action de groupes non étatiques au choc des superpuissances.

Face à ces évolutions, l'Europe n'est unie ni dans ses analyses, ni dans ses décisions : la France est fort minoritaire dans son approche « tous azimuts » de la montée, d'autant plus que le Royaume-Uni, pays qui lui ressemble le plus à cet égard, vient de quitter l'Union ; d'autres comptent sur la garantie de défense américaine alors même que celle-ci est devenue moins certaine, Washington subordonnant son action internationale à la priorité que constitue la montée de la superpuissance chinoise ; et si, à l'est, un sens aigu du danger prévaut, c'est parfois au risque d'ignorer ce qui se passe ailleurs que le long de la frontière russe.

Les guerres de toute nature seront désormais l'horizon incontournable de la vie de nos sociétés, et cela vaut aussi pour notre continent.

Certes, tout n'est pas aussi noir que ne laisse supposer cette synthèse. L'Amérique a encore de beaux restes et de meilleures intentions sous son nouveau, mais très ancien, Président. L'Union européenne n'a pas volé en éclats sous la pression de la pandémie : comme nous l'avons vu pendant la crise de l'euro ou le défi migratoire naguère, son instinct de survie est considérable. L'Union joue cependant de façon réactive et ignore le registre de l'urgence. La Chine, par l'arrogance radicale des « loups combattants » de son Parti communiste au pouvoir, agit comme si elle était déterminée à provoquer l'unité des démocraties.

À l'épreuve de ce *stress test in vivo* que constitue la pandémie, l'Union européenne a malheureusement montré qu'elle n'a ni l'unité politique ni la cohérence institutionnelle pour agir à la fois efficacement et vite. Dans la conception et la mise en œuvre de la stratégie vaccinale, elle n'a pas su acquérir la légitimité que confère la réussite face à l'adversité. Pour le meilleur comme pour le pire, l'action décisive est et restera l'apanage des États, pris individuellement ou opérant collectivement. Cependant, l'Union est aussi confirmée comme le cadre indispensable, et le seul qui ait la dimension nécessaire, pour organiser notre protection au long cours, qu'elle soit climatique, technologique, informationnelle, commerciale ou sécuritaire, en somme, tout ce qui requiert patience et longueur de temps. Hélas, cette capacité n'embrasse pas le champ économique plus large : une fois passées les alarmes de la pandémie, le refus de mutualiser les dettes et le culte d'une orthodoxie financière rejetée partout ailleurs dans le monde et par les marchés eux-mêmes paraissent reprendre le dessus à l'échelle de l'Union. L'Europe qui protège porte un manteau troué.

Avec la pandémie, force est de constater que le débat entre fédéralistes et souverainistes a été clos par le renvoi des protagonistes du ring. Au plus fort de la Covid, on a assisté au spectacle de populistes italiens ou autres se plaignant de ce que l'Union ne faisait pas assez dans le domaine sanitaire face au virus ou se plaignant de la lenteur et de la modestie du plan de relance européen. Les lignes de front habituelles ont été largement brouillées. La pandémie a permis d'esquisser l'Europe du réel, à la fois incontournable au long cours et subordonnée à l'action des États. Que ce soit déplorable ou souhaitable n'est plus la question : cela s'appelle tout simplement la réalité.

Reste à savoir si ce résultat, dont on a constaté les limites, permettra de faire face à un monde devenant plus chaotique et violent. Ce serait dommage d'avoir à constater qu'à l'épreuve des faits, nous n'avons plus qu'un couteau sans lame auquel il manquerait un manche. Cette crainte explique l'accent que nous avons mis sur l'effort qui s'impose à nous face à la violence guerrière qui se lève.

Table

DU MÊME AUTEUR CHEZ ODILE JACOB

Le temps des prédateurs. La Chine, les États-Unis, la Russie et nous, 2020, prix Vauban des auditeurs de l'Institut pour les hautes études de défense nationale, prix Turgot spécial de la recherche stratégique

Espionnage et Renseignement. Le vrai dossier, 2012, prix Akropolis des auditeurs de l'Institut des hautes études du ministère de l'Intérieur

Les armes nucléaires ont-elles un avenir ? (direction d'ouvrage), 2011

Les conséquences stratégiques de la crise (direction d'ouvrage), 2010

La fin de l'Occident ? L'Amérique, l'Europe et le Moyen-Orient, 2005

Hyperterrorisme : la nouvelle guerre (avec la Fondation pour la recherche stratégique), 2001, prix Edmond-Fréville-Pierre-Messmer de l'Académie des sciences morales et politiques

Cet ouvrage a été composé
en Adobe Garamond Pro
par Nord Compo
à Villeneuve-d'Ascq (Nord).

Cet ouvrage a été imprimé sur du papier
dont les fibres de bois proviennent
de forêts durablement gérées

IMPRIM'VERT®

CET OUVRAGE
A ÉTÉ ACHEVÉ D'IMPRIMER
SUR ROTO-PAGE
PAR L'IMPRIMERIE FLOCH À MAYENNE
EN SEPTEMBRE 2021

N° d'édition : 7381-5711-X – N° d'impression : 98984
Dépôt légal : octobre 2021

Imprimé en France